JN075141

子どもの言葉で
問いを創る授業

鹿嶋真弓・石黒康夫 編著 小学校編

Ｇ学事出版

はじめに

　本書は、『子どものつぶやきから始める主体的で深い学び　問いを創る授業』（図書文化社、2018年）の改訂版です。改訂版ですが、小学校の事例に特化して作成しました。掲載している事例はすべて新しいものです。また、全教科にわたって事例を集めました。そして、前著では掲載しきれなかった理論も追加されています。「問いを創る授業」は、私たち TILA 教育研究所（http://tila.main.jp/）のメンバーが『たった一つを変えるだけ　クラスも教師も自立する「質問づくり」』（ダン・ロスステイン、ルース・サンタナ著、吉田新一郎訳、新評論）からインスパイアを受けたことにはじまります。

　この本の内容はとても刺激的なものでした。私たちは、すぐにでもこれを取り入れた授業がしてみたくてうずうずしていました。そこで TILA 教育研究所では、『たった一つを変えるだけ』をとりいれた授業の研修会を企画して実施しました。日本の学校の先生たちにもこの素晴らしい方法を知ってもらい、さらに実践してもらいたかったからです。しかし、実践する上で、なかなか思い通りにいかないところが出てきました。『たった一つを変えるだけ』の発想はとても素晴らしいものです。そして、長年積み重ねてきた実践には敬意を払うものがあります。まさに授業のパラダイムシフトとも言えることです。

　『たった一つを変えるだけ』の実践の多くは、高校生など年齢の高い生徒へのものでした。私たち TILA 教育研究所では、この素晴らしい方法を、小学生から大学生まで、そしてすべての教科や領域で実施したいという思いがありました。『たった一つを変えるだけ』の方法は、日本の小学校 1 年生にとっては難しかったり、45分の授業で行うには手順や方法が複雑だったりしました。

　そこで私たちは、『たった一つを変えるだけ』の一番根幹の部分である**「先生が子どもに質問するのではなく、子どもが質問をつくる」**という発想を大切にしました。もう少し詳しく説明すると、「質問」は疑問または理由を聞き出すこと（広辞苑）とあります。つまり、「質問」を作るということ

は、自分のわからないことがある程度わかっているということです。これは、ある意味レベルが高いことです。自分が何をどの程度理解していて、不足しているものは何かを把握しているからです。私たちはそれ以前のレベルを大切にしようと考えました。「何がわからないか」、それすらもよくわからず、何かうずうずして「知りたい」、「これをすっきりさせたい」という衝動です。

　前著『問いを創る授業』（図書文化社）の冒頭でも述べているのですが、インターネットで見たある動画のことです。黒猫が歩いていて、そこをフワフワと浮いた風船を持った飼い主が通りかかり、猫とすれ違います。猫はすれ違ってほんの少しした瞬間、いかにも「ん?!」という表情で立ち止まり、ふりかえって急いで飼い主を追いかけていきます。猫は浮かんだ風船を見て何かを感じたのだと思います。人も同じで何かを見たり触れたりした瞬間、なんだかはわからなくても興味を惹かれて、もっと見たい、もっと知りたいという欲求がわいてくることがあります。私たちが大切にしたかったのはこの態度です。物事に触れたとき、漫然と見るのではなく、「ん?!」、「なにこれ?!」と、そのものに向き合い、追究していこうとする態度です。ですから、「質問」とはせずにあえて「問い」という言葉を使い**「問いを創る授業」**としたのです。「問い」には、問うこと、たずねること、ききだすこと、質問することなどの意味があります（広辞苑）。私たちはこの「問うこと」に注目しました。「問うことは」他者に問うだけでなく、自分に「問うこと」もあるのだと思います。つまり「自己内対話」です。**ある物事を見て、あるいは聴いて、頭の中で何かがひっかかる。そして、頭の中で、自問自答が始まります。その結果、子ども自身の言葉で表現された「問い」が出てきます。**私たちは、子どもたちにこうした態度や力を身に付けてもらいたいと考えました。

　これからは変化が激しく、予測することが困難な社会の中で、すぐには解決できない事柄に対して根気強く考え続けようとする態度が求められています。そこにはもちろん学習の基盤としての各教科の基礎的な知識や技能、教科独自の見方考え方やそれらを結びつけられる力などが大切です。しかし、私たちはそれだけでなく、それ以前に「なぜだろう」、「もっと知りたい」、「もやもやをすっきりさせたい」という物事に対する態度が必要であると考

えています。態度とは、ガニエの学習成果の5分類で、「ある物事を選ぼう
とする気持ち、避けようとする気持ち」と定義[1]されています。つまり、
何か物事に接したとき、それを知ろうとする、追究したいとする気持ちです。
態度とは、ある事柄に対する知識（どのようにすればよいか）とスキル（実
際にそれができる）が備わっていて、それを行動として選択し実行できると
いうことです[2]。知識やスキルは学ぶことができます。しかし、それを「選
ぼうとする気持ち」を学ぶことは難しいのです。では、それを「選ぼうとす
る気持ち」はどうすれば学べるのでしょう。「選ぼうとする気持ち」は価値
観の1つと考えることができます。価値体系は、コミュニティーの中で学ぶ
ことができると言われています。自分が所属していると意識している集団の
中で、生活をしながら、その集団がもっている価値体系を身に付けていきま
す[2]。小さな子どもにとってお花はただそこにあるものです。でも、お母
さんやお父さんが、花を見つけるたびに「きれいだね」といって花を見せる
と、子どもの中にはこの花は「きれい」なのだという価値体系が創られてい
きます。

　「問いを創る授業」は、この態度を育成することを第一に考えています。
**「不思議のタネ」を子どもに示すことで、子どもの興味関心を引き、「問い」
を創ることを繰り返すことで、物事に対して積極的に関心をもとうとする態
度を育成しようとしています。**もちろんこの授業を繰り返すことにより、
「問い」を創るスキルも向上します。私たちは、学校というコミュニティー
で、様々な教科や領域で「問いを創る授業」を実践することにより、子ども
たちの中に物事に対して積極的に関心をもち、探究していこうとする態度と
それに必要な知識やスキルが身についていくと考えています。

　**「問いを創る授業」は単に探究しようとする態度を育てるだけでなく、互
いに認め合い助け合う心を育てる効果もあります。**まさに学校という集団で
行うのにふさわしい学習方法であると考えています。これまで多くの実践例
が集まってきました。多くの先生方が様々工夫をして下さっています。この
本ではその一部をご紹介したいと思います。

2020年6月　石黒康夫

※1）R.M. ガニェ、W.W. ウェイジャー、K.C. ゴラス、J.M. ケラー著、鈴木克明、岩崎信監訳
『インストラクショナルデザインの原理』北大路書房、2007年。
※2）向後千春『上手な教え方の教科書』技術評論社、2015年。

第4章 「問いを創る授業」を学校・地域全体に拡げよう！ 125

第 1 章

「問いを創る授業」で 自ら考える子ども が育つ!

1 なぜ、いま 「問いを創る授業」なのか

1 AI(人工知能)と人間の差〔その1:人間の弱み〕

　学校の宿題というと、練習問題を解いたり、ドリルなどの繰り返し学習を行ったりが主流でした。また、授業では例題をもとに解き方を教わり、ひたすら練習問題を解いて授業を終えることもありました。ドリルとは「技能・能力を向上させるための反復練習。特に、基礎的な教育内容の反復練習による学習。」(広辞苑)のことです。ドリル学習によって身につけたい技能や能力も確かに大切です。

　ただ、こればかりをやっていると、子どもたちの中には、「これが勉強」と、勘違いしてしまう子も出てきます。その証拠に、中学生の家庭学習ノート(学校から与えられた課題ではなく、自分で学びたいことを自由に決めて書くノート)でも、同じ漢字や英単語を1行ずつ書いている子がなんと多いことでしょう。しまいにはどんどん雑になり、ただ行数を増やすため、ページ数を増やすための単純作業となっていました。子どもたちは、まじめで一生懸命なのです。

　日本の教育は何を目指してきたのでしょう。もしかしたら、知らず知らずのうちに、AIのような人間を育てようとしてきたのかもしれません。もちろん、学習指導要領にある学力の重要な3つの要素を知っていてもです。そこで、AIと人間の差について、記憶・処理能力・正確性の3つの切り口で表1を作ってみました。一目瞭然、いずれも、軍配はAIに上がります。

2 AI(人工知能)と人間の差〔その2:人間の強み〕

　AIを開発してきた研究者は、人間の苦手とする分野を補うために開発してきたと言っても過言ではありません。だからこそ、これからはAIのよう

な人間を育てるのではなく、人間だからできること、人間にしかできないこと、に焦点を当てた教育がより重要になってくるでしょう。急速な発達や未曾有の出来事に代表される予測困難な未来を生き抜くためにも。

　表1「AIと人間の差〔その1〕」では、ことごとく勝てなかった人間ですが、表2「AIと人間の差〔その2〕」の6つの切り口では、すべて人間に軍配が上がります。決して人間に贔屓しているわけではありません。未曾有の出来事や予測困難な未来に対しては、AIの得意分野による解決は難しいからです。未曾有とは、過去に1度も起きなかったような、珍しい事態、つまり、過去のデータがない出来事なわけですから。

表1　AI（人工知能）と人間の差〔その1〕

AI（人工知能）	技能・能力	人間
無限	記憶	限界あり
速い	処理能力	遅い
ミスなし	正確性	ミスあり

表2　AI（人工知能）と人間の差〔その2〕

AI（人工知能）	技能・能力	人間
情報と確率	意思決定の根拠	過去の経験や体験、感情
共通点を見つけるのは得意だが考察は不可	データの読み取り	データをもとに考察する
過去のデータの組み合わせによる	創作活動	唯一無二の創造力
不可	感情や文脈の理解	可能
不可	課題発見	可能
過去のデータによる	課題解決	新たな対応策も可能

　教育は未来を創る仕事です。その未来の担い手は子どもたちです。この予測困難な時代において、新しい社会の在り方を、自ら創造することのできる資質・能力を育むためにも、これまでの教師主導の教えて暗記させるだけの授業ではなく、**子ども主体の問う力・探究する力を育成できる授業へとパラダイムシフトすることが必要**です。その1つの方法が「問いを創る授業」なのです。

2 「問いを創る授業」が育む力

1 AIにはない不思議センサー

①子どもたちに内蔵された不思議センサー

　明治5年、学制の実施によって全国に多数の小学校が設立されましたが、その多くは寺子屋・私塾・郷学校などの庶民教育機関を母体としたものでした[※1]。寺子屋・私塾・郷学校以前、子どもたちはどのようにして知恵をつけてきたのでしょう。

　私は、教育の基本は、幼児教育や初等教育にあると痛感しています。仕事柄、学校現場を訪れることが多いのですが、見ず知らずの私に高知の子どもたちは、フレンドリーに駆け寄り話しかけてきます。「だれ↑」「どこから来たがぁ〜？」「何しに来たがぁ〜？」と。はじめて見る私に興味津々。そして、だんだん慣れてくると「ねぇ、ねぇ、見て！　これなに？」「これは？」と質問攻めに合います。

　人間の発達によると、2〜3歳で「どちて？」攻撃がはじまります。「それも聞く？」と思うことまで聞いてきます。ちなみにこの「どちて？」というフレーズは、私（鹿嶋）の次男の口癖で、「どちて？　ねぇ〜、どぉ〜ちて？」と日に何度も聞かれていたことを思い出しました。

　子どもの「なぜ？」「どうして？」という問いかけは、好奇心が芽生えた証拠です。納得するまで「なぜ？」「どうして？」を繰り返します。AIにはない不思議センサーが、子どもたちには、内蔵されていたのです。せっかく内蔵されている不思議センサーに磨きをかけるのも、ボロボロに錆びさせるのも、大人のかかわり方次第です。不思議センサーを錆びつかせないよう、好奇心の芽を摘まないよう、子どもたちのワクワク（好奇心）とモヤモヤ

（なんで？）とスッキリ（なるほど！）に上手につき合っていきましょう。

②錆びついた不思議センサーに磨きをかける

小学校に入学すると『授業』がはじまります。先生からの発問に、「わかった人？」「この問題、できる人？」と聞かれ、わからない自分、できない自分はダメな自分と勘違いしてしまう子もいます。子どもにもプライドがあります。授業中、「わかりません」が言えなくなり、「なぜ？」「どうして？」も言えなくなり、結果、せっかく内蔵されていた不思議センサーは錆びていくのです。まずはこうした普段の何気ない授業の積み重ねで、錆びついてしまった不思議センサーの錆び落としをしましょう。

そこでおススメなのが、主体的・対話的で深い学びのための準備体操として開発した『ひらめき体験教室』です[2]。この活動を通して、子どもたちは、仲間と一緒にナゾを解くという知的交流と、解けたときの喜びを共に分かち合う感情交流を同時に体験することができます。さらに、とことん考え、脳に汗をかくような体験、「ああかな？」「こうかな？」と問い直し、問い返し、問い続けた先に訪れる、ひらめきの瞬間をだれもが体験することができます。

そして何よりも、自ら疑問をいだき、「あきらめずに考え続けること」「最後まで考え抜くこと」を、楽しいと感じる脳の癖がつきます。まずは、年度はじめに『ひらめき体験教室』を行い、子どもたちの不思議センサーの錆びを落としてから、問いを創る授業へとつなげるといいでしょう。『ひらめき体験教室』は現在、小学校から大学の授業、教員研修会等で展開しています。

「ひらめき体験教室」活動の流れ

①ナゾを探す
　→みんなで会場内（教室や体育館など）に隠されたナゾが書いてある用紙を探す。

②ヒミツのアイコトバがわかったらリーダー（先生）に伝えに行き、最終問題をもらう
　→みんなで協力してナゾが解け、クロスワードパズルから見えてくるヒミツのアイコトバがわかったらリーダー（先生）に全員でヒミツのアイコトバを伝えに行き、最終問題を受け取る。

③最後のナゾが解けたら、ひらめきルームへ行き、答えを示す
　→最終問題が解けたら、全員でひらめきルームへ行き、解答する（ゴール）。

※２）鹿嶋真弓『ひらめき体験教室へようこそ』図書文化、2016年。

② いま求められる問う力

①課題設定能力

　平成29年告示の「小学校学習指導要領解説総則編」では、これからの社会の担い手に求められる資質・能力として、「その多様性を原動力とし、質的な豊かさを伴った個人と社会の成長につながる新たな価値を生み出していくことが期待される。」としています。さらに、このような時代の、学校教育に求めるものとしては、「子供たちが様々な変化に積極的に向き合い、他者と協働して課題を解決していくことや、様々な情報を見極め知識の概念的な理解を実現し情報を再構成するなどして新たな価値につなげていくこと、複雑な状況変化の中で目的を再構築すること」を求めています。

　このような「新たな価値を生み出す力」や「情報を再構築する力」などを子どもたちの身に付けるために、私たちはこれからの授業は、従来の知識や技能を伝達することに重点を置いた授業ではなく、「問う力」を育成するものでなければならないと考えています。「はじめに」でもご紹介したように、物事をなんとなく看過するのではなく、何事にも関心をもって接し、そこに生じた疑問を探究しようとする態度を育てるのです。「課題」とは、「題を課すこと」であり、「題」は「解決を求められている事柄」のことです（広辞苑）。自分で自分に解決を求めることを課す態度、課題設定能力が求められているのです。人から与えられた課題ではなく、自ら興味や疑問を積極的にもち、解決していこうとする態度が必要です。私たちは、そうした積極的な態度があって、はじめて新たな価値を見出すことができると考えています。

②自分に問う力

　人は物事に接したとき、「あれ?!」と感じることがあります。それは、目にしたものや耳にしたことが、いままでの自分の知識では説明できなかったり、その存在自体が、自分の知識や経験の中になかったりするときです。このとき人は「なぜだろう」、「知りたい！」という衝動に駆られます。自分がいままで認識していたことと、目の前にあるものの「ギャップ」が大きければ大きいほどその気持ちは強くなります（このギャップは、後述する不思議

のタネを創る上でも大きなヒントになります）。いわゆる「知的好奇心」です。そして、明確に言語化されなくとも、頭の中では、その事象といままで学んだことや経験したことを比較したり、関連づけたりしながら、新しい理解をつくろうとします。これが「自己内対話」です。そして、自問自答する過程で、理解を深めたり、新たな理解を得たりします。その中で、新たな発見があるかもしれません。このように、**物事に対して関心をもち、自問自答を繰り返す態度がこれからの社会で生きる子どもたちには必要なのではないでしょうか**。こうした態度が、真の学びに結びつくと私たちは考えています。

　自己内対話をするためには、当然その材料となる「知識」が必要です。自己内対話を進めるうえで、ものごとに対する「見方や考え方」も必要です。日常的に行われる従来型の授業も大切なのです。「自分に問う力」が育った子どもたちは、教師から知識や技能を与えられるのを待つのではなく、自分から求めていくようになっていきます。

③他者に問う力

　自問自答を行う上で、考え方が偏らないためには、自己内対話だけでなく、他者との対話も必要となります。自己内対話はまさに考えることです。そして、子どもたちの自己内対話を促進するのは、教師やほかの子どもたちとの対話です。他者と対話することにより、自分の理解が広がったり、深まったりします。自分にはなかった他者の考えに触れることで、自分の考えを修正したり、さらに深く考えたりすることができます。また、自分と同じ考えの人がいるかもしれません。自分と同じ考えの人がいることを知り、自分の考え方を再確認することもできます。「対話」と言っても、言葉だけではありません。人は意見を発表しているとき、「表情」、「身振り手振り」、「語調」など「言葉」以外の情報も同時に発信しています。私たちは、これらの情報すべてを使って、他者の話を読み取っています。ここに、学校で一緒に学ぶことの意義の1つがあります。

　自分の考えを精一杯表現して他者に伝えます。受け取り方は、聞いた人次第です。自分が思ったように伝わらないかもしれません。理解のずれがあるかもしれません。繰り返し対話するうちに、ずれが修正され、互いに理解が

進むかもしれません。そして、そこに新たな理解が生まれることもあります。対話することで、さらに思考が深まります。そしてこれは、単に教科の内容を学ぶだけでなく、多様な考えを受け入れ、理解しようとする態度や互いに認め合う態度を育てる機会でもあります。「問いを創る授業」は、そうした活動が自然とできるような構成になっています。

④社会に問う力

　この節の冒頭でお示ししたように、これからの社会では、「質的な豊かさを伴った個人と社会の成長につながる新たな価値を生み出していく力」が求められています。「質的な豊かさ」とは何でしょう。解釈は色々あると思います。私たちは、「質的な豊かさ」を、モノを多く手に入れ、ただ消費して豊かさを感じるのではなく、自分の中に価値を求め見出し、それを自己実現していくことと考えています。これまでは、モノや情報などをより多く手に入れ、それを消費し量的に豊かになろうとしてきました。しかし、地球資源には限りがあります。ただ、モノを消費するだけでは、立ち行かなくなってきています。また、近年では、気候の変動やそれによる大きな災害、新たな疾病の流行など、いままでに経験のないことが起きています。これまで当たり前だったことがそうでなくなってきています。昔は、会社に入ると定年まで勤めあげることが当たり前でした。しかし、いまでは、転職することが当たり前のような風潮があります。社会の在り方も変化しています。

　私たちは、これからの時代に生きる子どもたちに、激しい変化に柔軟に対応して、多様な他者と共に社会を成長させていく力、そのために必要な新たな価値を社会に提案していく力が必要なのだと思います。そこには、知識や技能を一方的に受け取るだけの学びではなく、「問う力」が育つ学びが必要なのだと考えています。**自らに問い、他者に問い、考え抜いて物事を探究していこうとする態度、そして探究に必要な知識や技能や見方考え方を、自ら学ぶ子どもに育てていくことが大切である**と考えています。

③ その『問い』は誰の問い？

　これまでの一般的な授業をふりかえると、次のような展開が多かったのではないでしょうか？　多くの場合、子どもたちは教師の説明を聞き、教師から与えられる課題を行い、教師の発問に対して答えるという流れで授業が進んでいきます。こうした授業の展開では、子どもたちは課題設定に自我関与していません。自我関与していない課題に対して、主体的・意欲的に取り組むことは難しいものです。自我関与とは、「行動に際して、「自分の責任」「自分の仕事」「自分の身内」「自分の家」といった意識・態度を伴うこと」（広辞苑）とあります。実は、この自我関与が重要なポイントになります。

①自分の『問い』だから主体的になれる

　問い創りを授業に組み込むことで、通常の授業が子どもが自我関与する授業に変わります。これは、どの教科、領域の授業でも実施することができます。「なぜだろう？」「不思議だ」「知りたい」と思い、子どもたちが創った問いは、子どもたちの自我関与した成果物です。そして、子どもたちが創った問いを授業に用いることで、子どもたちはより主体的に意欲的に授業に取り組んでいくことができるようになります。問いを創る授業では、子どもたちが創った問いを付箋紙に書いてもらいます。この付箋紙を用いて授業を進めるのですが、授業が終わった後も、子どもたちはこの付箋紙をとても大切にします。なぜならば自我関与の成果物そのものだからです。後半で紹介していますが、ある小学校の先生が、授業が終わった後に、まとめとして自分の付箋紙をノートに貼っておくように指導しました。すると、子どもたちは勝手に自分の問いが書かれた付箋紙の横に、授業を通して自分が理解したことや、まだよくわからないことを書くようになったのです。先生が、「そうしなさい」といったわけではないのです。子どもたちが自発的にそうしたのです。それはなぜか？　自分が自我関与した学びだったからです。

②関わりの法則　自我関与のひみつ

　「自我関与」、これは TILA 教育研究所ではとても大切にしていることです。

学校の中のことだけでなく、おそらく世の中のことすべてに関係する原理だと考えています。もともとは、私（石黒）が20年ほど前に言い出した「関わりの法則」がもとになっています。世の中に「関わりの法則」というものがあるわけではなく、私（石黒）が勝手に言っていることです。

　きっかけは、ある自動車メーカの危機管理室長さんのお話を伺ったことです。ある顧客の苦情がたらいまわしにされてしまった結果、大変なクレーマーになったという話を伺いました。なぜ、クレーマーになったのか、危機管理室長さんは、「その方は、自分の苦情を否定されたことで、自分自身が否定されたと感じたのですね。」とおっしゃいました。自分の主張していること（苦情）が軽く扱われた（たらいまわしにされた）ことで、自分が軽く扱われたと感じたのです。著者はこのことがとても気になり、考えた末にたどり着いたのが、米国の心理学者フェスティンガーの認知的不協和の理論[3] です。紙面の関係上、詳しい説明は別の機会に譲りますが、この認知的不協和理論をもとに考えていくと次のようなことが言えます。

【関わりの法則　第1法則】

**　人が深く関わったこと（もの）≒その人自身と感じる（≒ほぼイコール）**

　人は、あること（もの）に長い時間をかけて関わったり、多くの労力をかけて関わったりしたことをとても大切に感じます。例えば、みんなで協力して苦労して頑張ってつくりあげた行事、苦心してつくった料理、何かの作品、自分の意見、苦情、家族、子ども、ペット、趣味、服装など、例はたくさんあります。これらのことを他者からけなされると、悲しかったり腹立たしかったりします。反対に、ほめられるととてもうれしい気分になります。それは、これらのことに、長時間、あるいは多くの労力をかけて自我関与しているからなのです。「多くの時間や労力をかけたものは、価値のあるものである。」というように、かけた時間や労力と、そのものに対する認知が一致していない人は気持ち悪いのです。だから行動と認知を一致させるために、自分がしたことは大切なものであると考える心の動きがあります。これを簡

※3）レオン・フェスティンガー著、末永俊郎監訳『認知的不協和の理論』誠信書房、1965年。

単に使えるようにしたのが、関わりの法則です。問いを創る授業とは少し離れますが、学校で子どもたちを認めたりほめたりするときは、その子の行動だけでなく、その子が関わったことを認めたりほめたりしてもよいのです。

【関わりの法則　第2法則】

何かを大切にさせたかったら、そのものにたくさん関わらせる

　つまり、自我関与させるということです。自我関与すればするほど、そのものは、その人にとってとても大切なものになっていくのです。よく野菜が嫌いな子どもがいます。でも、その子どもに自分で野菜を育てさせ、見事に実がなると「これ、おいしいよ」と言って食べます。なぜ、おいしいのか、自分が労力をかけて育てたからなのです。

③問いは自分自身

　子どもたちが創った問いは、子どもが自我関与した成果物なので、問いはその子自身なのです。自分が創った問いを使って展開される授業は、とても大切で楽しく感じるものです。例えば、教師が「なぜリンゴは赤くなるのか？」と質問します。これは、教師の与えた問いであり、子どもの問いではありません。しかし、子どもがリンゴを眺めていて、ふと、「なんで赤いのだ？」と思いついたとすると、これは子どもの問いです。自分で思いついたことには、モチベーションを感じます。「知りたい」、「解決したい」と思うのです。**子どもが創った問いを大切に扱い、授業で活用して進めていくことは、自分たちが中心になって授業が進んでいると感じるのです。**問いを創る授業では、授業の最初に「不思議のタネ」を示します。これは、子どもたちが問いを創るときのきっかけです。思考のきっかけなので、どのようなものでもよいのですが、**「不思議のタネ自身は質問であってはいけない。」**というルールがあります。もし、「不思議のタネ」として、「どうすれば日本海と同じ濃さの食塩がつくれるか？」としてしまうと、これは教師の問いを子どもに与えたことになります。子どもが疑問に感じ、自我関与して「問いを創る」きっかけとなるものが必要なのです。

19

4 「問いを創る授業」ではじまる対話

①自己内対話

ア　自問自答

　前に述べたように、問いを創ることは、まずは、自分への問いです。対象のものを見て、自問自答し、思考がはじまります。問いは、子どもの「つぶやき」からはじまるのです。米国の心理学者 J.B. ワトソンは、「言葉は思考と同一物だ」と主張しています[※4]。また、ロシアの心理学者 L.S. ヴィゴツキーも「思考を内言としてとらえ、それは伝達のために用いられる外言が自分自身のために語られる言葉へと発展した働きだとみなしている」[※4] としています。私（石黒）は、もともと中学校の数学の教員でしたが、自分が中学生くらいまで、数学の問題を解くとき、ずっと何か呟きながらやっていたことを記憶しています。その当時の先生に「君はいつも何かぶつぶつ言っているな」と言われていました。小さな子どもは何か言いながら絵をかいたりします。思考が言葉として漏れていたのですね。

　問いを創る授業は「不思議のタネ」を子どもに示すところから始まります。「不思議のタネ」は、不思議である必要はないのですが、問いを創る授業をはじめたばかりの頃や小学校の低中学年を対象に行うときは、彼らがもっている認識と、示された「不思議のタネ」にギャップがある方がより子どもたちの興味関心を引くことができます。自分たちが知っていること理解していることと、目の前にあるもののギャップが大きいほど「なんでだ？」「なんかおかしい?!」などとつぶやきを起こします。そしてそのギャップを埋めようと、自問自答が繰り返されます。その中で創られていく「問い」は、自我関与されたものとなります。

イ　対象（課題）との対話

　「不思議のタネ」自体は、課題ではありません。ただそこに示されている事実です。「不思議のタネ」を見て、最初は自分の知識や経験と照らし合わ

※4）滝沢武久『ピアジェ理論の展開』国土社、1992年。

せて理解しようとします。しかし、それがうまくできないと、「なぜだろう」、「どうすればわかるのか」と問いが生まれてきます。さらにどういう問いを解明すれば、この目の前のことがスッキリするのかと、問いを工夫しはじめます。このプロセスが対象との対話です。「不思議のタネ」が、言葉で示されていれば、何度もそれを読み、意味を理解しようとし考えます。写真や図などで示されていれば、細部もよく観察し、自分の中に湧き起こる疑問を解決しようと問いを考えます。私たちは、こうした繰り返しが「自分に問う力」を育てると考えています。この「問う力」が育ってくると、目の前のものと自分の認識にギャップがあまりなくても、「待てよ。いままでは、単純にこう考えていたけど、見方を変えると……」などのように、どんなものも簡単に見過ごさず、疑問をもって考えてみる習慣や態度が育ってくると考えています。

②他者との対話

ア　対話で広がり深まる思考

　問いを創る授業では、最初に「不思議のタネ」を見て個人で問いを創ることからはじめます。これは、発散的思考です。短い時間でたくさんの問いを創ります。そして、次の段階に進むと、グループになって問いを整理したり分類したりします。そして、グループで問いを選んだり、自分たちが創った問いを解決できる大きな問いにしたりします。この過程は、収束的思考の部分です。ここでは、自分の問いをグループのメンバーに紹介するとともに、メンバーの問いを知り、協力して整理・分類をします。ここで、先ほど述べた他者との対話が起こります。**他者と対話して互いの考えや意見を交わす。他者と協力して何かを成し遂げる。**これはとても重要なことで、学校で学ぶことの良さの１つです。

　ピアジェはその著書[※5]の中で「われわれが、すべて自分自身を知ることを学んできたのは、他者との絶え間ない接触、意志や意見の対立、交渉や対話、そして葛藤や相互理解によるものである。」としています。また、ジャネ（p.Janet）の言葉を借りて「自分自身の反省それ自体は、内的な対話であり、他者との関係から学んだ行為の自分自身への適用である。」とも

言っています^{※5）}。つまり、人は他者との交流によって、人から学んだことを自分にあてはめたり、自分の思考を他者のそれと比較して、広げたり、修正したり、深めたりしているのです。一人で考えることも必要なことですが、他者と対話することで、自己の思考がより一層膨らんでくるのです。人は相互作用の中で生きています。お互いの影響を受けて成長しているのです。

イ　対話で生まれる関係性

　当然、他者との対話をする上で、他者との関係性が問題になります。人は相互作用の中で生きていますから、自分の行動によって当然相手も影響を受けますし、他者の行動によって自分も影響を受けます。どのような態度で対話するかで、そこにできる関係性も変わってきます。ブリーフセラピーの考え方に「変化を起こす」ということがあります。小さな変化を起こすことで、クライエントの行動が次第に変わるというものです。いつも「おはよう」と言わない人が、ある日「おはよう」と言いはじめると、周囲の者は、はじめは戸惑いながらも「おはよう」と返すようになるのです。つまり、対話をどのように行うかによって、そこに生まれる関係性も変わってくるということなのです。

ウ　対話で進む認め合い、助け合い

　問いを創る授業での対話は、互いに認め合う関係性を創るのに良い機会です。問いを創る授業では、発散的思考でたくさんの問いを創ります。質よりも量なのです。当然、最初はうまく創れません。たわいもないと思われるような問いも出てくるかもしれません。しかし、前にもお示ししたように、**「問いはその子自身」**です。自我関与して創った問いはその子自身ですから、その子が創った問いを大切にすることは、その子を大切にすることにつながります。そこで、どんな問いも大切にする雰囲気を学級の中につくることが大切です。教師は、子どもたちが互いの問いを馬鹿にしたり、茶化したりする雰囲気をつくらないように指導しなければいけません。どの子が創った問いも同じように大切な問いであることを教えることにより、互いに認め合う

※5）ジャン・ピアジェ著、芳賀純・能田伸彦監訳『ピアジェの教育学』三和書籍、2005年。

雰囲気が創られていきます。

　また、問いを整理したり分類したりすることは一人ではなかなかできません。協力し合うことが大切です。このプロセスを通して他者の思考や価値観を学んだり、整理や分類の仕方も学びます。教師はこのプロセスをうまく使って、互いに認め合い助け合う雰囲気をつくっていきます。

③授業規律の確立　ルールにもとづく話し合い

　問いを創る授業には、「ルール」があります。ルールについては、後でご説明しますが、ルールに従って、問い創りを行うことにより、お互いに尊重し合い、協働して学ぶ場を形成することができます。問い創りの授業をはじめて行うときや、低中学年の場合は、教師が主導になって、ルールの意味をよく説明したり考えさせたりして、ルールを守る雰囲気をつくることが必要です。「ルールを守って、問い創りをすると楽しい」という体験の積み重ねが授業規律をつくりあげることにつながります。

　前に示した、自我関与を考えると「ルール」自体を子どもに考えさせることも有効です。高学年になって、問い創りもある程度体験してきたら、「ルール」自体を考えさせて自我関与させると、より効果的にルールが機能します。余談になりますが、学級の「ルール」づくりを問いを創る授業を利用して行うこともできます。

　グループ活動は、互いに尊重し認め合う体験でもあります。それと同時に、互いに尊重し合うためにルールが守られることは、学習規律をつくりあげることに通じます。どの教科等においても、年間を通じて授業の中に、問いを創る授業を取り入れることにより、学校として一貫した授業規律づくりにつながることが期待できます。

⑤ 「問いを創る授業」で深まる学び

① 「問いを創る授業」は思考の訓練

　問いを創る授業では、不思議のタネをもとに問いを創り、その問いを分類・整理し、最終的に自分たちが決めた、問いを用いてその後の授業を進め

ていきます。このプロセス自体が思考のトレーニングになります。問いを創る過程は、ブレーンストーミングです。とにかく短い時間でたくさんの問いを創ります。当然、最初の頃は、多くの問いを創ることができません。しかし、回数を重ねるごとに、子どもたちの創る問いの量は増えてきます。また、問いの内容も変化してきます。トレーニングですから、回数を重ねることが大切です。ただ、問いを創るという楽しい作業を繰り返すうちに自然と問いを創る力が磨かれていきます。小学校1年生の生活科の研究授業を参観させていただいたとき、小学校1年生が付箋紙を使って問いが創れるのだろうかと思っていました。最初は1人3枚ずつ配られた付箋紙が足りなくなり、次々に「付箋紙ください。」という声が子どもたちから挙がり、全員の付箋紙を黒板に貼ったときには100枚くらいの付箋紙が貼られているのを見て驚いたことがあります。お互いに自分の創った問いを紹介し合い、整理・分類する過程で、友達がどのように問いを創ったかを知ることができます。ここは、問いの創り方を学ぶ機会でもあります。自分とは異なる問いの創り方、言葉の使い方を学ぶ機会です。

　また、「整理・分類をする」といっても、低中学年では教師が意図するように整理・分類はできないかもしれません。しかし、グループの中の友達の整理・分類の仕方、他の班のやり方、教師の助言をもとに次第に効率よく、あるいは、様々な視点で整理したり分類したりする力が身に付いてきます。友達と一緒に問いを創り、整理・分類し、どの問いを授業に用いるかを決定する……この過程がすべて思考の訓練となります。

② 「問いを創る授業」は学びの訓練　Meta Learning

　これは、『問いを創る授業』（図書文化社）でもご紹介しましたが、ベイトソン（2000年）が、『精神の生態学』[※6]の中で、イルカの学習を例に学習理論について述べています（詳しくは前著をご覧ください）。イルカの訓練で、ある特定の行動を繰り返して学習している、このような学習を「学習1」と言うのだそうです。そして、特定の行動だけを学ぶのではなく、イルカが、

※6）グレゴリー・ベイトソン、佐藤良明訳『精神の生態学』新思策社、2000年。

これは何を身に付けるためにやっている学習なのかを理解し、新たな行動を身に付けていく段階、このような学習を「学習２」と言うのだそうです。私たちが授業で子どもに身に付けてほしいのも、個別の知識・技能（学習１）だけではなく、「疑問を解決するため」「考えるため」といった目的をもった学び（学習２）です。

　図１は問いを創る授業の１回のプロセスを簡単に図にしたものです。自分たちで創った問いを用いて授業が進むうちに、学んだことの中から、あるいは自分たちの発言の中から、新たに「あれ!?」と思うことが出てきます。これは貴重な瞬間です。この「あれ!?」と思ったものが、「第２の不思議のタネ」になるのです。最初は、教師が用意した「不思議のタネ」を思考のきっかけにします。しかし、ここでは自分が発見したことを思考のきっかけとして用いるのです。

　次頁の図２をご覧ください。つまり、問いを創る授業は１回で完結するものではなく、授業を通してわかったこと、わからなかったこと、気づいたことなどを、子どもが自分で不思議のタネにして、また問いを創ることができるのです。

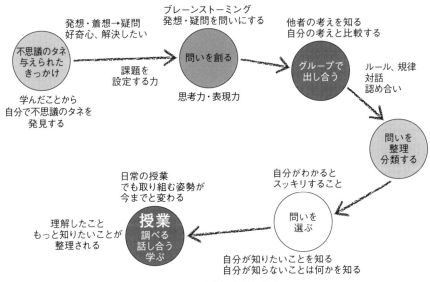

図１　問いを創る授業の流れ

その回の授業では使わなかった子どもの問いを、その単元内の他の時間で扱ったり、授業の中で出てきた子どもの発言を、さらに不思議のタネとして扱って授業をすることもできます。このサイクルを繰り返すことにより、どうすれば課題設定ができるのか、どうすれば学んでいけるのかを子どもたちは体験を通して身に付けることができます。問いを用いた授業の中では、調査したり、話し合ったり、実験したりと、問いを探究するためのスキルを学ぶことができます。問いを創る授業では、教師から知識やスキルを与えられるのではなく、子どもたちは、自分たちの問いを解決するために必要な知識やスキルを学ぼうとします。

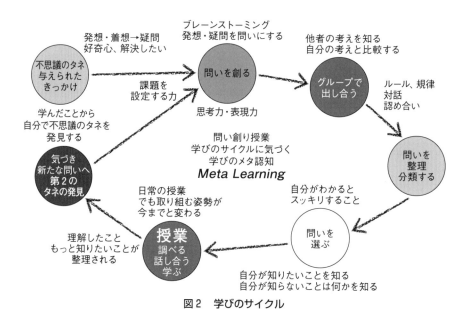

図2　学びのサイクル

コラム ①

子どもたちから問いがなかなか出てこない、出ても些末な問いばかり……

　幼い子どもたちは驚くほど好奇心旺盛で、身の回りの自然や出来事に対して、「これはなに？」「これどうやるの？」と自分が知りたいことや不思議だなと思ったことを口に出し、周りの大人に問いかけ、毎日多くのことを学んでいきます。自分の中に自然にわきあがってくる問いとは、自らが知りたい、解決したいと思っているものです。

　一方、学校で行われている授業のほとんどは、子どもたちの知りたいという欲求から生まれたものではなく、教師から与えられた「問い」で流れが進んでいきます。このような授業を受け続けていると、本来子どもたちがもっている「好奇心」とか「知りたい欲求」といった「学びの原動力」が錆び付いてしまいます。

　「問いを創る授業」は、問う力を磨くことによって、子どもたちの意欲のもとになる「なぜだろう？」「不思議だ」と思う「知的好奇心」を呼び起こす新しい授業方法です。知識や技能の伝達やその反復練習を行う授業に慣れている子どもたちは、最初はなかなか問いが出てこないかも知れません。そのようなときには「なぜ、どうして、なに、いつ、だれ、どこ、などの言葉を最初に付けると問いができるよ。試しに創ってみて」とアドバイスします。

　これを何度か繰り返すことで、問いを考え出すことに慣れ、どのように問えば、何がわかるのかを授業の中で体験的に学んでいきます。錆び付いていた「知的好奇心」が磨かれ、不思議センサーが働きはじめるのです。

　授業の中で子どもたちは、自分が創った問いを解決するために、教師や他の子どもたちと対話します。対話の中で、自分とは異なった視点や考え方、価値観に触れることで、また新たな問いが生まれ、自分との対話がはじまります。いままでの多くの授業のように教師から与えられたものではなく、自分が主体の学びを繰り返していくのです。

第 2 章

「問いを創る授業」の
進め方を
確認しよう!

準備
不思議のタネの創り方

① 不思議のタネとは

　授業の導入で、子どもに最初に提示するものに「めあて」がありますが、問いを創る授業では**「不思議のタネ」**を提示します。皆さんご存知のように、めあてとは、ねらいを実際の授業で子どもの立場で示すものです。多くの授業では、前時の復習（または新単元への動機づけ）をしたあと、子どもから言葉を引き出しながら、めあてを一緒につくっていく方法が用いられています。これは、めあてを自分事として捉えさせるためのひと工夫と言えるでしょう。しかし、この流れで本当に自分事として捉えられる子どもは、はたして何人いるでしょう。

　表1は、「いままでの授業」と「問いを創る授業」の「めあて」の提示までの流れを表したものです。不思議のタネとは、子どもの発想を豊かにする『問い』を思い浮かべるための起爆剤です。つまり、問いを創る授業では、この起爆剤を使うことで、子どもから『問い』を引き出し、めあてへとつなげていきます。このプロセスを経ることで、全員が本時のめあてに自我関与でき、その後の主体的な授業を可能にするのです。

表1　「いままでの授業」と「問いを創る授業」の「めあて」の提示までの流れ

	いままでの授業	問いを創る授業
	前時の復習または新単元への動機づけ	前時の復習または新単元への動機づけ
		「不思議のタネ」の提示
		『問い』を創る〔全員が自我関与〕
	子どもと一緒にめあてをつくる〔一部の子どものみ自我関与〕	みんなで解決したい『問い』を決める〔全員が自我関与〕
	めあての提示	みんなで決めた解決したい『問い』からめあてを導いて提示

　ここからは、不思議のタネの種類の中から、活用頻度の高い3種類について紹介します。

①本人の興味関心のあるもの

　夢中になれることや好きなことは、誰かに何かを言われなくても追究したくなるものです。まずは、子どもの興味関心がどこにあるか、日ごろからリサーチしておきましょう。また、テレビや新聞などから、子どもが興味関心のわきそうな、身の回りの事物現象（写真や動画があると効果的）、気になる出来事など、集めておくのもいいでしょう。とにかく、題材はたくさん転がっています。そして何よりも、子どもたちの共通の関心事といえば、自分の未来に関することです。将来の夢を叶えるために、役に立つかもしれないと思ったら、それだけでたくさんの問いが浮かぶことでしょう。

②社会にとって重要な課題

　いざ社会に出ると、答えは1つという考え方は通用しません。世の中の課題（人権や環境問題など）は、答えは1つではなく、いく通りもあるのです。社会にとって重要な課題。この答えなき問いこそ、人として常に問い続けることが大切なのだと思います。単に正解を求めるのではなく、納得解を探究する力を身につけることは、未来を生き抜く力になります。納得解を得るには、より多くの情報が必要となります。そして何よりも、課題解決したときどうなっていればよいか、自分自身の考えと向き合いながら、そのゴールイメージを創っていきます。自分の考えをもてない人は、残念ながら納得解を得ることは難しいでしょう。問いを創る授業の醍醐味は、自分に、課題に、他者に、社会に、問い直す、問い返す、問い続けるといった、思考プロセスを体験的に学べることにあるのです。

③教科等で学習価値のあるもの

　まず教師が「この授業で何を達成したいのか」そのねらいを明確にすることが大切です。子どもが問い創りをする目的は何か、子どもから引き出したい問いは何か、その引き出した問いをどのように活用するのかなど、具体的なイメージをもつことで、研ぎ澄まされた不思議のタネが提示できるのです。
　そう考えると、問いを創る授業を展開することで教師は自然と授業の真の「ねらい」を設定できるようになり、教師の授業力向上にもつながることでしょう。

　授業で不思議のタネを準備する意義は、問う力の育成にあります。人は、自分が得たいと思うものしか得られません。ゆえに、自分はこの授業で何を得たい（知りたいことやできるようになりたいことなど）か、明確にすることが大切です。先生から与えられた問いは、先生が抱く問いであり、子どもたちの抱く問いではありません。不思議のタネをもとに、子どもたちが問いを創ることで、はじめて先生から与えられた問いではなくなるのです。

　不思議のタネの役割は、子どもの発想を豊かにする『問い』を思い浮かべるための起爆剤です。その起爆剤がなくても、自ら問うことができれば、それに越したことはありません。私たちにできることは、乳幼児期にすでに備わっていた問う力を錆びさせないことと、錆びてしまった不思議センサーを磨くことです。そのためにも、入学直後より問いを創る授業へとパラダイムシフトしましょう。

　起爆剤となる不思議のタネには、下記のような３つの活用目的があります。これらは、問いを創る授業を実践するうえでのゴールイメージです。活用目的を明確にすることで、自ずとどのような不思議のタネを準備すればよいかが見えてきます。

不思議のタネの３つの活用目的

①フォーカス：Focus（探究する・追究する）

　　→概念・定義・授業の内容の理解

②ディスカバリー：Discovery（視野を広げる・発見する）

　　→導入・深化補充・興味関心の喚起・新しい視点や考え

③キープケアリング：Keep caring（問い続ける・気になる）

　　→生き方・在り方・人権・倫理・道徳

　　出典：鹿嶋真弓・石黒康夫『問いを創る授業』（図書文化社、2018年）を一部修正

---

①フォーカス：Focus（探究する・追究する）

不思議のタネ

「２本の直線をひくと３つの仲間に分けられる」

　概念や定義、授業の内容に焦点を絞り、探究や追究する学習活動を目的とした不思議のタネを、フォーカス（Focus）と命名しました。例えば、高知大学教育学部附属小学校の松山起也先生は、４年生の算数科、単元「垂直・平行と四角形」の授業で、不思議のタネ「２本の直線をひくと３つの仲間に分けられる」を提示し、問い創りにチャレンジしました。子どもたちは、この活動を通して、２本の直線の向きの関係について、自ら「垂直」「平行」「それ以外」の３つの仲間を発見していきました。

②ディスカバリー：Discovery（視野を広げる・発見する）

　新単元や授業の導入、深化補充、興味関心の喚起、新しい視点で視野を広げたり、発見したりする学習活動を目的とした不思議のタネを、ディスカバリー（Discovery）と命名しました。例えば、高知市立江陽小学校の中村早希先生は、１年生の生活科、単元「きれいな花を育てよう」の授業で、不思議のタネ「あさがおをそだてる」を提示し、子ども主体の授業へとシフトさせました。結果、子どもが自分事として考え工夫するといった主体性が多くみられるようになりました。

③キープケアリング：Keep caring（問い続ける・気になる）

　生き方や在り方、人権や倫理、道徳などの問い続ける学習活動を目的とした不思議のタネを、キープケアリング（Keep caring）と命名しました。例えば、大分市教育センターの川井英史先生は、１年生の道徳、単元「やさしいこころ」B-（６）親切、思いやりの授業で、不思議のタネ「えへん、へん」を提示しました。子どもたちは問いを創り、紙芝居を見た後、おおかみになりきって２つの「えへん、へん」というセリフを言い合いながら、「いじわるなおおかみ」と「親切なおおかみ」の心情に迫る体験ができました[1]。

※１）前掲『問いを創る授業』図書文化社、2018年。

❸ 不思議のタネの創り方

　まずは、不思議のタネとめあてとの関係を見てみましょう。

　上の図は、いままでの授業（上段）と問いを創る授業（下段）のめあてに
至るまでの先生と子どもの関わりを表したものです。問いを創る授業では、
ア→イ→ウの順に授業が展開されます。準備する不思議のタネを創るには、
このシーンの順番をウ→イ→アのように逆にして考えていけばよいわけです。
この図を創りながら、ふと頭に浮かんできたのが、『凡庸な教師はただしゃ
べる。よい教師は説明する。すぐれた教師は自らやってみせる。そして、偉
大な教師は心に火をつける。』という、ウィリアム・アーサー・ワード
（William Arthur Ward）の言葉です[※2]。ぜひ、不思議のタネで子どもたち
の心に火をつけてみませんか。

　不思議のタネを創るために、2種類のワークシート（図1「問いを創る授
業の単元指導計画」、図2「先生のための『不思議のタネ』アイデアシー
ト」）を用意しました。はじめての方や校内研究会等で活用していただけれ
ば、効果的な不思議のタネを創ることができるでしょう。

①問いを創る授業の単元指導計画

　ここでは、問いを創る授業の単元指導計画（図1）にそって紹介します。
　まず、教科・単元・各授業のねらいを確認します。そして、単元指導計画
の中のどこで「問いを創る授業」を実施すると効果的なのかを考え、○をつ
けます。次に、これだけは身につけさせたい、知識・技能（生きて働く知

――――――――――――
※2）西澤潤一『教育の目的再考』21世紀問題群ブックス、1996年。

単元名：	これだけは身につけさせたい知識・技能 （生きて働く知識・技能の習得）	これだけは身につけさせたい・姿勢や態度 （学びに向かう力・人間性など）
単元の目標		
指　導　計　画		
1	【何をどのように評価するか】	【何をどのように評価するか】
2		
3	これだけは身につけさせたい見方・考え方など （思考力・判断力・表現力など）	何に気づいてほしいか？
4		どんな疑問を持ってもらいたいか？
5		
6		
7		不思議のタネ
8		
9	【何をどのように評価するか】	
10		

※問いを創る授業を行う時間に○をつける

【記入例】

単元名：てこのはたらき	これだけは身につけさせたい知識・技能 （生きて働く知識・技能の習得）	これだけは身につけさせたい・姿勢や態度 （学びに向かう力・人間性など）
単元の目標 　生活に見られるてこについて興味・関心をもって追究する活動を通して、てこの規則性について推論する能力を育てるとともに、それらについての理解を図り、てこの規則性についての見方や考え方をもつことができるようにする。	・水平につり合った棒の支点から等距離に物をつるして棒が水平になったとき、物の重さは等しいこと。 ・力を加える位置や力の大きさを変えると、てこを傾けるはたらきが変わり、てこがつり合うときにはそれらの間に規則性があること。 ・身の回りには、てこの規則性を利用した道具があること。 ・実験用てこなどを正しく操作して、てこのはたらきの規則性を調べ、その過程や結果を記録すること。	・棒を使い、小さな力で重い物を持ち上げられることに興味・関心をもち、問いを見いだそうとすること。 ・てこの傾き、つり合いについて興味・関心をもち、自らてこが傾くときやつり合うときの規則性を調べようとすること。 ・てこが使われている道具に興味・関心をもち、自らてこがどのように使われているか調べようとすること。
指　導　計　画		
①	・「てこ」を体感したことをもとに、問いを創る。	【何をどのように評価するか】 ・実験用てこを操作する様子を観察したり、記録した内容や実験結果から得られた結論（ノート、記録用紙）を分析したりして評価する。	【何をどのように評価するか】 ・興味・関心をもって友達と話し合ったり、実験に取り組んだりする様子を観察して評価する。 ・授業後の「振り返り」を分析し評価する。
2	・問いをもとに予想を立て、てこの3つの点（支点・力点・作用点）と手ごたえの関係について調べる。		
3		これだけは身につけさせたい見方・考え方など （思考力・判断力・表現力など）	何に気づいてほしいか？ どんな疑問を持ってもらいたいか？
4	・てこがつり合うときのきまりについて実験でてこを用いて調べる。	【働かせたい見方・考え方】 ①見方：「量的・関係的な視点」（支点と力点、作用点それぞれの距離を変えると力のはたらきはどう変わるのか） ②考え方：「関係付ける」（支点と力点、作用点それぞれの距離と力の大きさを関係付けて考える）	・てこは小さな力で大きな力を生む、便利な道具のはずなのに、用意されたてこ（支点と力点の距離が短い）は重く感じるのはなぜだろう。 ・小さな力で持ち上げるにはどうしたらよいのだろうか。 ・支点の位置を変えると軽く感じるのではないか。 ・軽く持ち上がることと何が違うのだろうか。
5			
6	・てこのはたらきを利用した道具について調べる。		
7	・てこのつり合いを利用したものづくりをする。	【身に付けさせたい思考・判断・表現】 ・てこのはたらきや規則性について、自ら行った実験の結果と予想を照らし合わせて推論し、自分の考えを表現すること。	不思議のタネ 『用意されたてこでは、小さな力で物を持ち上げることができない。』
8			
		【何をどのように評価するか】 ・てこがつり合うときのきまりを調べる実験を通して得られた結果と、自らの予想を照らし合わせて推論することができているかをノートで分析して評価する。	

※問いを創る授業を行う時間に○をつける

図１　問いを創る授業の単元指導計画

識・技能の習得）、見方・考え方など（思考力・判断力・表現力など）、姿勢や態度（学びに向かう力・人間性など）について、子どもたちの顔を思い浮かべながら考えます。そして、それぞれについて、何をどのように評価する

か、具体的に記入していきます。次の日の授業のための教材研究も大切ですが、このようにシステマティックに考えることで、より効率よく効果的な教材研究が可能となるでしょう。あとは、この単元で、何に気づいてほしいか、どんな疑問をもって授業に臨んでもらいたいかについて考えていきます。最後に、これらを実現するための不思議のタネを創ります。この流れで、不思議のタネがスーッと浮かぶこともあれば、なかなか浮かんでこないこともあります。

②先生のための「不思議のタネ」アイデアシート

　そこで、不思議のタネ創りの必須アイテム、先生のための「不思議のタネ」アイデアシート（図２）の６つのステップについて紹介します。

〔ステップ１〕授業のねらいとめあてを記入し、そのねらいを達成するための活用目的を、フォーカス・ディスカバリー・キープケアリング・その他から選び、チェック☑する。

＊下にある「不思議のタネ」の欄には、最終的に決めたものを記載します。

〔ステップ２〕子どもから引き出したい問い（設定しためあてにつながるような問い）を書き出し、その中からどの子にも抱かせたい問いを１つ選び○で囲む。

〔ステップ３〕ステップ２で考えた問いを引き出すための不思議のタネ（文章・写真・動画・図・表・グラフ・実物の提示・体験など形式にはとらわれない）をたくさん書き出す。

〔ステップ４〕ステップ３で考えた不思議のタネの基本チェックを、チェック項目に従って行い、必要に応じて修正する。

チェック項目：それ自体が質問（～とは？・何だろう？など）ではない

　　　　　　　それ自体が命令（～しよう・～確かめようなど）ではない

　　　　　　　新しい思考を刺激し誘発するようなもの、明確な視点があるか

〔ステップ５〕ブラッシュアップ（起爆剤としての工夫や仕掛け）のためのヒントをもとに必要に応じて修正する。（39頁、効果的な不思議のタネを創るポイント参照）

〔ステップ６〕ステップ５をヒントにブラッシュアップ案を考える。再度、

アイデアシート全体を眺めながら、授業で提示する不思議のタネを決定し、ステップ１の不思議のタネの欄に記入する。

先生のための「不思議のタネ」アイデアシート	
ステップ１　ねらい達成のための活用目的（□に✓を入れる）	
ねらい： めあて： 不思議のタネ：	□フォーカス：Focus（探究する、追究する） 　→概念、定義、授業の内容の理解 □ディスカバリー：Discovery（視野を広げる、発見する） 　→導入、深化補充、興味・関心の喚起、新しい視点や考え □キープケアリング：Keep caring（問い続ける、気になる） 　→生き方、あり方、人権、倫理、道徳 □その他（　　　　　　　　　　　　　　　　）
ステップ２　子どもたちから引き出したい問い 　　　（どの子にももたせたい問いを１つ選び○で囲む）	ステップ４　不思議のタネの基本チェック （□に✓を入れる） □それ自体が質問（〜とは？・何だろう？など）ではない □それ自体が命令（〜しよう・〜確かめようなど）ではない □新しい思考を刺激し誘発するようなもの
	ステップ５　ブラッシュアップ （起爆剤としての工夫や仕掛け） **【ズレがある】** □自分の常識とのズレ □自分のイメージとのズレ □自分の予想とのズレ □自分の欲求とのズレ □既習事項・既有知識・既有体験とのズレ
ステップ３　不思議のタネのリストアップ （文章・写真・動画・図・表・グラフ・実物の提示・体験など）	**【違和感がある・気になる】** □２つの違いが気になる（２つの写真の比較） □経過の違いが気になる（グラフの変化や表の数値の変化など） **【なりたい自分になる・未来への期待】** □何をすれば不思議のタネのようになれるのか
	ステップ６　不思議のタネのブラッシュアップ案

図２　先生のための「不思議のタネ」アイデアシート

④　効果的な不思議のタネにはギャップがある

　不思議のタネは、それ自体が不思議である必要はありません。確かに、あらためて聞かれると説明できないことって多いですよね。私も、チコちゃんに「ボーっと生きてんじゃ……」なんて言われそうです。普段、何気なく見ているものや当たり前で気にも留めたことがないものの中に、「エッ？」「なに？」ということがたくさん転がっているのです。そう考えると、実は、何でも不思議のタネになるのです。

　ここで大切なのは、効果的かどうかということです。不思議のタネをより効果的にするためのヒントは人間の好奇心にあります。好奇心には次の３つのタイプがあります。

- 拡散的好奇心（いろんな方向に発生する「知りたい！」という欲求）
- 知的好奇心（知識と理解を深めたいという欲求）
- 共感的好奇心（他者の考えや感情を知りたいという欲求）

出典：イアン・レズリー著、須川綾子訳『子どもは40000回質問する：あなたの人生を創る「好奇心」の驚くべき力』光文社、2016年。

　この中で拡散的好奇心がもっとも基本的なもので、やがて知的好奇心へと進化を遂げます。言葉を覚えたばかりの子どもが、大人を困らせるほど問い続ける「どうして？」が拡散的好奇心です。「広く浅く」が特徴のため、深まるところまではいきません。そこで、先生の出番です。拡散的好奇心から知的好奇心へと進化させるには条件があります。それを活用することで、効率よく効果的に進化させることができます。図3をご覧ください。予想と現実の不整合、情報の空白、この2つの条件がほどよく整ったとき、知的好奇心は MAX になることが示されています。「予想と現実の不整合」とは、自分が予想したことと現実とのズレのことで、私たちは常にこのズレを修正しながら認知発達を遂げてきました。しかし、好奇心の視点からこのズレを眺めてみると、ズレが小さいと「まあ、こんなものか」と好奇心は弱く、逆にズレが大きすぎると、今度はわからないことだらけのため「まあ、いいか」とこれまた好奇心は弱くなります。

　「情報の空白」とは、心理学・行動経済学者のジョージ・ローウェンスタインが提唱した考え方で、新しい情報によって無知を自覚し、自分の知識の空白の存在に気づいたとき、好奇心がわくというものです[3]。つまり、

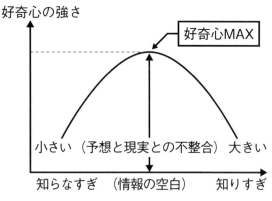

図3　「予想と現実の不整合」「情報の空白」と好奇心の強さとの関係

好奇心がもっとも強くなるのは、「知りすぎと知らなすぎの間」になるわけです。これらをうまく子どもたちに提供することが、先生の役割と言えるでしょう。

　以上のことから、不思議のタネを創るには、ズレやギャップが大切だということをご理解いただけたと思います。具体的には、先生のための「不思議のタネ」アイデアシート（図2）の〔ステップ5〕に、起爆剤としての工夫や仕掛けとして、効果的な不思議のタネを創るポイントが記してあります。

効果的な不思議のタネを創るポイント

ズレがある
- □自分の常識とのズレ
- □自分のイメージとのズレ
- □自分の予想とのズレ
- □自分の欲求とのズレ
- □既習事項・既有知識・既有体験とのズレ

違和感がある・気になる
- □2つの違いが気になる（2つの写真の比較）
- □経過の違いが気になる（グラフの変化や表の数値の変化など）

なりたい自分になる・未来への期待
- □何をすれば不思議のタネのようになれるのか

※3）イアン・レズリー著、須川綾子訳『子どもは40000回質問する：あなたの人生を創る「好奇心」の驚くべき力』光文社、2016年。

「問いを創る授業」の心構え

① 「教師主導の授業」から「子ども主体の授業」へ

『子どもは40000回質問する』（イアン・レズリー著、須川綾子訳、光文社）の中に登場するロイドは、「学校の授業は退屈だったが、興味のあることを学ぶのは、われを忘れるほど楽しかった。どんなことも詳しく知るとますます興味がわいてくる。だけど、それは人から教わるものじゃない。」と言っています[4]。少なくとも、義務教育の9年間、退屈な授業を行うのか、われを忘れるほど楽しい授業（以下、ワクワクする授業）にするのか、教師の腕の見せ所です。

そこで、これまで行われてきた典型的な教師主導の退屈な授業と、これから求められている子ども主体のワクワクする授業を図で比較してみることにしました[5]。

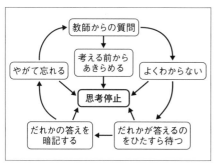

図4　教師主導の授業

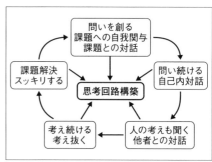

図5　子ども主体の授業

図4のように、教師主導の授業では、子どもたちの多くは答えを知りたがります。どのようにしてその答えを導き出したのか、その思考プロセスには

※4）イアン・レズリー著、須川綾子訳『子どもは40000回質問する』光文社、2016年。
※5）前掲『問いを創る授業』

一切興味はありません。興味があるのは、テストに出るか出ないかです。テストに出そうなら暗記もしますが、そうでなかったらスルーします。苦労して覚えたところも、テストが終わると忘れてしまいます。つまり、教師主導の授業では、いずれの段階でも「あきらめる」方向へと子どもの気持ちが向かっていきやすいのです。これでは、ちっともワクワクしません。

　いっぽう、図５のように、子ども主体のワクワクする授業では、不思議のタネをもとに問いを創ることで、知りたい欲求がくすぐられます。興味のあることを探究することは、ロイドが言うように、われを忘れるほど楽しいものなのです。しかも、単に覚えたこととは違い、自ら探究し続けたことにより思考回路ができていきます。つまり、図５のように、子ども主体の授業では、自らに問い続けながら、その思考プロセスを楽しみ、いずれの段階でも「思考回路構築」へと子どもの気持ちが向きやすいのです。これこそ、ワクワクする授業の実現へとつながる授業と言えるでしょう。

②　「安易なヒント」ではなく「考える時間」を与える

　これまでの授業では、子どもたちが課題を達成するため、教師はヒントを出しながら、あたかも子どもたちが自力で解けた気になるよう、黒子に徹してきました。しかし、ヒントには右下に示すように子どもたちの思考を止めてしまったり、単に作業をはじめたりするヒントが多いのではないでしょうか。これからの授業では、考えを促進するようなヒントが出せないときは、あえてヒントを出さないことです。子どもたちを信じて待つ姿勢こそ大切です。考え続ける力、考え抜く力を養うとき、子どもたちに必要なのは、教師からの下手なヒントではなく、考える時間を十分に与えてあげることではないでしょうか。

教師のサポートとは

いままでの教育：ヒントを出す
① 答えに直接結びつくヒント → 思考を止めるヒント
② 解き方の手順となるヒント → 作業を始めるヒント
③ 思考が深まるヒント　　　　→ 考えを促進するヒント

　　　　　　　　　　　③ のヒントが出せないとき
これからの教育：基本的にはヒントは出さない
　　　　　　　　　　　→ 待つ姿勢が大切

2 ❓ タネを蒔く

【1】 不思議のタネを蒔く準備：（その１）畑を耕す

　種を蒔き、発芽し花を咲かせ、実を結び、新しい種を得るために欠かせないのが、畑を耕すことです。痩せた土地では、栄養もなく、作物が育ちにくくなります。先生方が準備した不思議のタネが、しっかりと根を張り、畑の養分を吸収し発芽できるよう、心して耕しましょう。

　表３は問いを創る授業のプロセスを簡略化して示したものです。

表３　問いを創る授業の６ステップ

ステップ	授業のプロセス	授業の主体
①耕し	導入・ルールの確認	先生と子ども
②種まき	不思議のタネの提示	先生
③発芽	問いを創る	子ども
④苗選び	問いを絞る	子ども
⑤開花	問い続ける・問い直す・問い返す	子ども
⑥実り	まとめとふりかえり	子ども

鹿嶋・石黒『問いを創る授業』（図書文化社）を改変

　ここで示した「①耕し」では、授業の概要説明をしながら動機づけをします。このときの動機づけは内発的動機づけです。内発的動機づけとは、ほめられたいからとか叱られるからやるのではなく、自らの好奇心や関心による動機づけのことです。また、「予想と現実の不整合」「情報の空白」（38頁、図３）と好奇心の強さとの関係からもわかるように、子どもたちの好奇心がMAXになるよう、前時の復習や新単元に関するこれまでの知識の確認をして、子どもたちの心の導火線に火をつける準備をしましょう！

②　不思議のタネを蒔く準備：（その２）環境を整える

　発芽するために欠かせないものが、もう１つあります。それが、環境を整えることです。環境を整えるにはルールとリレーションが必要です。日ごろから、構成的グループエンカウンターによる感情交流をしたり、年度はじめに、「ひらめき体験教室」による知的交流をしたりしておくと、だれとでも意見交流しやすくなります。

　また、問いを創る授業では、毎回、下に示した『問いを創る授業のルール』の確認をしてからスタートします。

問いを創る授業のルール

1．できるだけたくさんの問いを創る。

2．問いについて、話し合ったり、評価したり、答えたりしない。

3．人の発表は最後まで真剣に聴く。

4．意見や主張は疑問文に書き直す。

前掲『たった一つを変えるだけ』83頁を参考に作成

　この４つのルールは、子どもたちの考える力を育むのはもちろん、互いの認め合いや、授業規律をつくるためにも役立ちます。

　また、どうやって問いを創るかわからない子もいますので、その場合は、「不思議だな」「どうして？」「したいなぁ」と思ったことや「かな？」と考えたことなどを書きましょう。と、東京都港区立赤坂小学校の関口先生の事例（72〜77頁参照）のように、問いを思い浮かべるコツを伝えてあげるといいでしょう。

　また、問いを評価することは、問いについて優劣をつけてしまうことになり、拡散的思考を妨げる要因にもなります。教師も「この問い、いいねぇ〜」などと、問いを評価することのないよう気をつけましょう。

　自分が考えた問いは自我関与の成果物です。「自分の考えた問い」≒「自分」です（≒は、ほぼイコール）。だれが創った問いであっても大切に扱うことで、自分自身も大切に扱ってもらえたと感じます。互いの問いを最後まで真剣に聴き合うことは、認め合う活動でもあるのです。

3 「問いを創る授業」で 付箋を使う意義

　不思議のタネをもとに、頭に思いうかんだ順に、ひたすら問いを付箋に書き出していくと、当たり前ですが、〔問いの数＝付箋の枚数〕になります。はじめのうちは、なかなか問いを創れなかった子どもたちも、回を重ねるごとに、問いが創れるようになり、付箋の枚数が増えていきます。これが問いの**数の視覚化**です。また、班やクラスで全員の問いをグルーピングすることで、**分類の視覚化**ができます。さらに、その分類ごとの付箋の数を見比べることで、**分布の視覚化**ができます。

❶ 「問いを創る授業」の基本構成に見る付箋を使う意義

　問いを創る授業は、子どもの自己内対話が促進されるように、以下の①〜③を行うようにプログラムを構成します。この①〜③を繰り返し練習することで、学ぶ力・考える力などが養われます。

---

① **発散思考**：たくさんのアイデア(問い)を考え出し、幅広く創造的に考える。

② **収束思考**：答えや結論に向けて情報やアイデア(問い)を分析したり統合したりする。

③ **メタ認知**：自分が学んだことについて振り返る

前掲『たった一つを変えるだけ』33 頁を参考に作成

　このプログラムからもわかるように、問いを創る授業において、たくさんのアイデア（問いを創る授業の場合は『問い』）を書き出し、分析したり統合したり、振り返るには、子どもたちによって書き出された問いを、1つ1つ独立させておく必要があります。不思議のタネをもとに、頭に思いうかんだ順に、とにかく問いを付箋に書き出していくことで、1つ1つの問いが独立し、自由自在に扱うことができるわけです。

①発散思考における付箋の活用

　発散思考とは、すでにある情報をもとにして考えをどんどん広げていき、いままでにはなかった新しいアイデアを出していく思考方法です。一般的にはブレインストーミングなどがこれにあたります。

　本授業では、不思議のタネをもとにして、子どもたちはできるだけたくさんの問いを付箋に書き出します。その後、班になって、付箋を見せながら読み上げてから台紙に貼っていきます。ほかの子どもが出した問いを聞き、それをきっかけにさらに思考が広がり、新たな問いを思いついたりします。

②収束思考における付箋の活用

　収束思考とは、親和図法※6）のわけていく過程などがこれにあたります。

　本授業では、創った問いを自分で取捨選択したり、班の仲間と共に、付箋に書き出した問いを分類したりしていきます。また、重要だと思う問いを班やクラスで絞り込むこともあります（47頁参照）。

　自分たちが創った問いを付箋に書き出してあるため、俯瞰的にながめやすくなります。子どもたちは、追究したい問いの全体像から、何を知りたいのか、何を学びたいのか、どうすればそれがわかるのかを見つけていきます。

③メタ認知的思考における付箋の活用

　メタ認知的思考とは、自分の思考や行動そのものを対象として客観的に把握し認識することです。

　本授業では、台紙や黒板に貼られた付箋を意識することで、子どもたちは、この授業を通して、自分は何を知っていて、何を知らないのか、何を知りたいのか、そして何を学ぼうとしているのかなど、自分自身の学びをふりかえり、俯瞰することができます。

※6）親和図法（収集した情報をカード化し、同じ系統のもので班化し情報の整理と分析を行う）を起源にしたもので、特定の問題についての事実・意見・発想等をカード化し、カードの班化を進めます。活用目的には、未知・未経験分野の問題解決や問題の明確化を目的とする場合と、問題解決のプロセスのさまざまな場面での収束を目的とする場合があります。文化人類学者川喜田二郎のKJ法と同じもの。

4 3つの収束方法

　個人で問いを創る作業は、発散思考です。次の段階では、個人が創った問いをグループの中で発表し合い、それを整理・分類します。そして、最後は、今後の授業に用いる問いを選びます。ここまでの過程が収束思考です。ここの過程は、前にお示ししたように思考のトレーニングでもあるのですが、目的は個人が創った問いをもとに、この後の授業で用いる問いを決めることです。『たった一つを変えるだけ』では、グループのメンバーが創った質問のうち、どうしても解決したいものを3つ程度選ぶことになっています。この3つ選ぶということは、たくさん出た質問の中から「自分たちは、本当は何を知りたいのか？」を突き詰めて考えることですから、とても意義のあることです。私たちも当初は、この方法をまねていました。しかし、様々な学校で実践していただくうちに課題が出てきました。

　第1章でもお話ししたように、子どもたちが創った問いは、子どもたちにとっては大切なものです。関わりの法則で言えば、創った問いはその子自身とほぼイコールなのです。ですから、一生懸命考えて創った問いの中から3つを選ぶというのは子どもたちにとっては難しいことです。なぜならば、3つを選ぶということは、それ以外を捨てるということになります。自分が創った問いが捨てられてしまうのは寂しいことです。子どもたちだけでなく、指導されている先生もそのように感じるようです。そこで、子どもたちにそうした思いをさせない方法はないかと新たな収束方法を考えました。このことから、私たちは収束方法を特定の方法に限定する必要はないのではと考えました。問い創りをして、その問いから自分たちが解決したいものを選ぶということは、頭の中にわいた疑問などを整理し、課題として設定することです。これができれば、どのように収束させても良いのです。そこで、私たちは、いまのところ3種類の収束方法を考えました。今後これ以外にも出てくるかもしれません。

ア　選択型収束法

　これは、『たった一つを変えるだけ』と同じ方法で、創った問いの中から、どうしても解決したいもの（気になるもの、解決するとスッキリするものなど）を３つ選ぶという方法です。この３つには特に根拠はありません。授業の状況によって２つや４つに変えても構いません。

イ　包括型収束法

　この方法では、まずグループ内で、子どもたちが創った問いを、問いの内容によって分類します。問いを創る授業では、付箋紙を用いますが、こうした操作をする際にとても便利です。

　分類をする視点は何でも良いのですが、低学年や問い創りをはじめたばかりの頃は、子どもたちはどのように分類したら良いかわからないことがあるので、ときには教師がその視点を与えてあげる必要があります。台紙を用意して、同じような視点の問いをその台紙に貼ります（このとき、貼られた問いの内容を表すキーワードを台紙に書くのも良いです）。

　そして、各グループが整理して台紙に貼った問いを、マグネットで黒板に貼ります。貼るときには、自分たちと同じようなことが書いてある台紙のそばに貼るように指示します。つまり、台紙もそこに貼られた問いの内容によって、分類するのです。

　子どもたちが台紙を貼りながらでも、貼り終わった後でも良いのですが、教師が助言しながら、そして子どもの意見を聞きながら、台紙を同じ種類でまとめていきます。そして、グループわけされた台紙を眺め、そのグループはどんな問いが貼られているのかと、子どもたちの意見を聞きながら、台紙のグループにそのグループの台紙の問いを表すようなキーワードを書いていきます。

　そして、全員で黒板に貼られた台紙（問い）を見ながら、ここに書かれていることがすべて解決できるような、大きな問いを創ります。つまり、全員の問いを１つに集約させるわけです。

　このようにすると、自分の創った問いが使われなかったという思いが残りにくくなります。また、個々の問いについても、単元の授業が進む中で、授業内容に応じて取り上げられるものは出来る限り取り上げていくと、子ども

たちは自分たちの問いを使って授業が進んでいると感じることができます。この後にご紹介する「思考ツール」を用いて行うとよりやりやすいです。

ウ　発散解決型収束法

何だか訳のわからない名前だと思われるかもしれません。この方法は、問いを創った後、全体としては収束させない方法です。図6をご覧ください。これは発散解決型収束法のワークシート例です。授業で、このワークシートを配布し、不思議のタネを提示します。子どもは、個人個人でワークシートに、自分の考えた問いを書いていきます。書き終えたワークシートは机の中などにしまいます。そして、通常の授業を行います（128頁参照）。

図6　探究ワークシート

授業の終わりに、ワークシートを取り出し、授業を通して解決した問いにはチェックを入れます。また、よくわかってスッキリしたことやまだモヤモヤしてよくわからないことは、下の欄に書きます。

この方法は、高学年から中高生向けです。この収束方法は、図7のように、自分自身で「あぁ、そうか!」と気づく、自己解決型と、教師の説明により、「なるほど」と疑問が解決する教師解決型があります。

単元やその授業の内容、授業展開の方法、子どもの発達段階によって、どの収束方法が良いかを授業者が考えていきます。ご紹介した以外にもまだ、収束方法はあるかもしれません。皆さんも独自で工夫されてみてください。

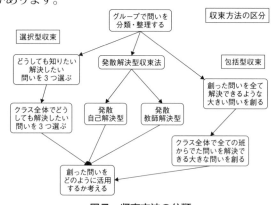

図7　収束方法の分類

5. 思考ツールの活用

　多くの先生に、問いを創る授業を実践していただく過程で、いくつかの思考ツールの活用方法が誕生しました。ここではそれをご紹介いたします。思考ツールは、収束思考の段階で用います。子どもたちが、考えを整理したり分類したりしやすくするためのものです。子どもたちの思考を可視化して、子どもたちがみんなでそれを操作しながら考えるのに役立ちます。この思考ツールは、こうでなくてはいけないというものではなく、子どもたちや授業の内容に合わせて様々工夫ができると考えています。

ア　ひまわりツール

　「ひまわりツール（図8）」は、個人で問いを創り、班で個人の創った問いを整理・分類するときに使います。下の植木鉢にあたるところに不思議のタネを記入します。そして、茎の葉が生えている部分に、個人が創った問いの付箋紙を貼っていきます。貼る際には、グループで相談

図8　ひまわりツールの例

し同じような問いは、1つのひまわりツールに貼ります。ひまわりツールは各グループに何枚かずつ配りますが、何枚配るかは問いをどのような視点で分類するかにもよってきます。子どもの問いをあらかじめ予想し、どのような分類ができるかなど考えた上で、必要と思われる枚数を配布すると良いでしょう。

　この分類する過程では、グループ内で相談しながら行うのですが、子ども同士相談し合うことで、他者の考え方、分類の仕方を知り、そこから学ぶことができます。分類することが苦手な子どもも、他者の分類の仕方を見るこ

とで体験的に分類の方法を学びます。

　そして次にひまわりツールの花の中央の部分に、茎の部分に貼った問いを解決できるような大きい問いを創り書き込みます。ここでも、グループの中で、どのような問いにすれば良いかを相談します。

　各グループで、すべてのひまわりツールの花に大きな問いを書くことができたら、今度は各グループのひまわりツールを黒板にマグネットで貼ります。黒板に貼るときには、他のグループのひまわりツールをよく見て、自分たちのものと似ているなと思うひまわりツールのそばに貼ります。教師は子どもたちが黒板にひまわりツールを貼る際、必要に応じてアドバイスします。

　ひまわりツールを黒板に貼りながら（図9）、ひまわりツール自体をいくつかのカテゴリーに分類します。一度貼り終わった後、全体を見回して子どもの意見を聴きながら、分類していき

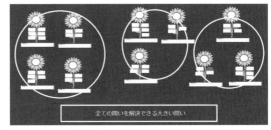

全ての問いを解決できる大きい問い

図9　ひまわりツールを黒板に貼ったイメージ

ます。ひまわりツールの花の部分に書いた問いは、遠くからだと見えにくいのでなるべく大きな字ではっきりと書いてもらいます。ひまわりツールをカテゴライズしたら、そのグループを表すキーワードを黒板に記入すると良いでしょう。

　そして、最後に黒板に貼られたひまわりツールの花の部分に書かれた問いを、すべて解決できるような大きな問い創ります。この大きな問いを次回からの授業に用いていきます。これは包括型収束法になるわけですが、子どもたちの創った問いをすべて合わせて大きな問いを創ったことになりますから、自分の問いが無駄になったという思いが残りにくくなります。つまり、付箋に書いてあるのは（ひまわりの茎に貼られている）個人が創った問い、花の中央に書かれているのはグループで創った問い、そして、最終的に創った問いは、クラス全員で創った問いということになります。１つ１つの付箋紙には必ず自分の名前を書かせておき、単元が終了したときに子どもたちに返却し、ノートに貼るなどしてまとめに使います。

イ クラゲツール

続いてご紹介するのは、「クラゲツール（図10)」です。「クラゲツール」も「ひまわりツール」と同様に、包括型収束法になるのですが、「ひまわりツール」とは異なった収束方法を用います。「クラゲツール」自体は、「クラゲチャート[7]」をヒントに考案されたものです。

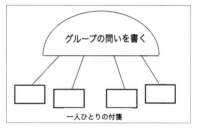

図10 クラゲツールの例

不思議のタネをもとに、個人で問いを創るところは、ひまわりツールと同様です。ただし、個人で問いを創る際に、付箋の色を決めておきます。例えば、赤い付箋紙に個人で考えた問いを書きます。個人で問いを書き終えたら、次に自分の創った問いを精選します。本書では、6年理科の授業の例（96〜101頁）をご紹介していますが、そこでは「自分の創った問いの中で、似たような問いを組み合わせたり、書き換えたりして、実験で調べてみたい問いを1つ創り、青の付箋紙に書く」としています。

ブレーンストーミングでたくさん出した問いを、グループ内で問いを共有する前に、自分で創った問いを分類・整理・書き換えするというプロセスが入ります。また、同時に「実験で確かめてみたい」というフィルターをかけるわけです。ここで、一度個人の中での収束が行われます。この方法は、より高度な思考が求められるので、高学年向きの収束方法と言えます。この例では、「実験で確かめてみたい」という条件をつけていますが、これは教科の特性や単元の目的や内容によって変えることができます。この赤い付箋紙は、子どものノートに貼らせておきます。

次に、4人グループになり、クラゲツールに個人で書き換えた、青い付箋紙を貼ります。クラゲツールには4本の足があるので、その1つ1つに各自の青い付箋紙を貼ります。そして、4つの問いを解決できるような大きな問いをグループで話し合って創り、クラゲの頭の部分に書きます。そして、クラゲツールを黒板に貼ります。

※7）田村学、黒上晴夫『「思考ツール」の授業』小学館、2013年。

この際に、教師は各班の問いを確認し、キーワードや使われている動詞を抽出し黒板に書きます。抽出したキーワードなどを見て、子どもの意見を聴きながらクラスとしての問いにまとめます。ここでは、教師が主導して収束させていますが、収束のスキルを子どもに学ばせるには良い方法です。

　各グループの問いをクラス全体で共有し、学習問題としてまとめることで、学習の見通しをもたせることもできます。

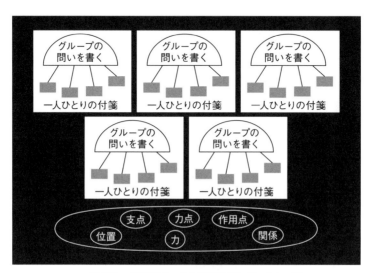

図11　クラゲツールを黒板に貼ったイメージ

　2つの思考ツールをご紹介しました。問いの収束のすべてを子どもに丸投げするのではなく、子どもの発達段階や問い創りの習熟度により、教師がモデルを示すことで、この過程を通して子どもたちは収束のスキルを学ぶことができます。思考ツールは、こうでなくてはいけないというものはありません。先生方のアイデアや工夫で、様々な思考ツールが生まれてくることを期待しています。

6 創った問いを使う

　いよいよ創った問いを使います。これ以降は、各教科の工夫次第になります。問いを創る授業は、問いを創ることが目的ではありません。また、創った問いを使うことも目的ではありません。単元の目標を達成することが本来の目的です。もちろん、問いを創る過程や収束させる過程自体は、思考のトレーニングです。しかし、授業の目的は、それだけでなく教科本来の目標を達成することにあります。問いを創る授業は１つの手段です。ですから、問いを創る授業をすることで満足してはいけないのです。問いを創る授業を使って子どもたちに何を学んでもらうかが大切です。そこで必要になるのが「単元指導計画」です。みなさんもつくっていらっしゃると思いますが、この単元ではどのように教えようかという計画が必要です。私たちは、問いを創る授業用の簡易な単元指導計画を考案しました（前掲、図１）。

　なお、本書の次章に収録した単元指導計画は、現場の使い勝手を考慮し、一般的な単元指導計画の書式を採用しています。本単元指導計画を参考に、簡易版の方が使いやすい方は、付録（147頁）にそのままコピーして使えるシートを収録してありますので、ぜひ作成してみて下さい。

① 通常の授業で用いる

　さて、創った問いの使い方として、比較的多いのは単元の最初に導入として問いを創る授業を行い、創った問いをその後の単元の授業で活用していくというやり方です。前にご紹介した、発散解決型収束法では問いを創った後、ワークシートを机の中にしまい通常の授業をしますから、まさにこの方法です。

　単元の授業が進む過程で、常にクラスで創った問いを意識して、子どもたちに問いかけたり、気づかせたりします。問い創りを行った後、子どもたち

がその問いを意識していられるように、クラスで創った問いをずっと教室に掲示しておくと良いでしょう。そして、単元が終了するときにまとめをして問いの掲示を外します。また、この方法では、クラスで創った（あるいは選択した）問いだけでなく、授業の展開に応じて、個人が創った問いを取り上げることもできます。ですから、問いを創る授業の際に、子どもたちがどのような問いを創ったかを把握しておくことも大切です。

❷ 実験で用いる

　本書では高学年理科の例で紹介していますが、問い創りの授業で創った問いを解決するために、実験をするというやり方もあります。本書の例では理科で行ったものですが、理科に限ったことではなく、他の教科でも行うことができます。実際に何かを行うことで自分たちの疑問を解決していくのです。子どもたちがどのようにすれば、自分たちの問いを解決できるかを考えます。ここでまた1つの学びができます。解決するための方法を考える過程で、その教科の見方・考え方やその教科の方法論も学ぶことができます。実験（実証）するためには、仮説を立てます。仮説を立てて、どのような方法でどのような道具を用いるとこの仮説が正しいと言えるのか……などを考えることができます。

　さらに、その教科だけに止まることなく、他の教科で学んだ物事の捉え方や方法論を活用することもできます。ここは、教師がどのようにこの単元を展開していくか、その過程でどのような学びの仕掛けをするかにかかってきます。特に小学校では、担任が複数の教科を指導するので、教科横断的な発想や考え方、手法を子どもたちに気づかせることができます。

❸ 調べ学習を行う

　問いを創った後、その問いを解決するために、グループで協力して調べ学習を行う方法もあります。そして、調べた結果をそれぞれが発表し合います。調べた結果を用いてさらに授業を展開することもできますし、調べた結果か

らまた問いを創るということもできます。クラスで創った（あるいは選ん
だ）問いについてすべてのグループで調べる方法もありますが、１つの問い
に絞らず、各グループが問いを創ったら、それを大きな問いにしたり、いく
つかに選んだりせず、各グループが創った問いで調べ学習をすることもでき
ます。

④ 作文を書く

　自分たちで創った問いをもとに作文を書くこともできます。不思議のタネ
の種類で言うと「Keep caring」、すぐには答えが出ず、ずっと考え続けるよ
うな題材を扱うのに良いかもしれません。道徳で何かのテーマについて考え
るとき、話し合うとき、自分の考えをまとめるとき、創った問いをもとに作
文を書くのも良いかもしれません。

⑤ 自由研究をする

　これは、高学年向きですが、自由研究に使う方法もあります。問いを創る
授業で創った問いは、その単元を通して解決していきますが、それでも残る
問いがある場合もあります。また、新たに生まれる問いもあります。そうし
た問いの中から、自分が気になるもの、解決したいものなどを選んで自由に
研究します。これは、自分で選んだ課題ですから、本当に自由研究です。自
由研究は、夏季休業を利用して行っても良いですが、もっと長いスパンで１
年間かけて行っても構いません。または、場合によっては２年間かけて５・
６年生で行うこともできます。６年生の最後には卒業論文としてまとめて発
表するのも良いかもしれません。当然、自由研究をどのように進めるか、中
間の発表はどうするか、自由研究に必要なスキルの学習など、指導の時間が
必要になります。学校として自由研究を総合的な学習の時間に位置づけ、１
年生から取り組んできた、問い創りの成果をまとめて発表する場として活用
することもできます。

7 問い創りノートの活用

　ここでご紹介する「問い創りノート」は、ある小学校の若い先生の一言からはじまりました。問い創り授業で創った問いや、問いが書かれた付箋紙は、子どもが自我関与した成果物だということをご説明しました。子どもにとって、自分が一生懸命に考えて創った、問いの書かれた付箋紙はとても大切なものです。こんな話を研究授業の後の研究協議会でした後、校長室で先生方に「ところで、子どもたちの書いた付箋紙はどうしています？」と尋ねたところ、ある若い先生が、「授業が終わった後に、ノートに貼っておくように子どもたちにいったら、勝手にまとめを書くようになりました。」と話したのです。そして、そのノートを見せていただくと、まさにその通りでした。ノートを見ると、授業で創った付箋が貼ってあり、その下に「わかった」や「あまりよくわからない」などと書いてあるのです。その側には、感想や理解したことが書かれていました。著者はこれをヒントに「問い創りノート」を考案してみました（図12）。

　ノートは見開きで図12のようになっています。ノート左ページの上部には、教科名、単元名、使われた不思議のタネを書くところがあります。そして、下部の左側に付箋紙を貼ります。この付箋紙を貼る枠は、低学年では75×75のサイズで、中学年以降

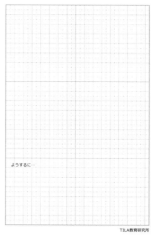

図12　問い創りノートのサンプル

56

は75×50のサイズが良いと思います。そして、右側には、授業や調べ学習などを通して、自分で創った問いについてわかったこと、感じたこと、まだよくわからないことなどを記入します。右ページの下には、この授業でわかったことを「ようするに」として授業の内容を要約する欄をつくりました。授業によって付箋紙の数がこのページに収まらない場合もありますから、その場合はさらに次ページ以降も使います。ノートの先頭のページには、図13のようなインデックスページをつくっておきます。不思議のタネとそれが書かれているページを書いておくことで後から見返すときに簡単に検索できるようにします。

　この問い創りノートは、教科毎に使うこともできますが、教科横断型で使用することもできます。問い創り授業で創った問いの付箋紙は、教科に関係なく、１冊のバインダーにまとめておくやり方もあります。そうしておくと、パラパラとノートをめくって見返すことで、教科をまたいだ新たな発見が起きるかもしれません。１年間経つと、バインダーのノートは膨れてきます。１年生から６年生までのノートを１つのバインダーにファイルしていくと、分厚いノートになります。その厚さはまさにその子の学びの印であり、達成感や自信にもつながることが期待できます。

　問い創りで用いる付箋紙は、低学年では大きいサイズ、中学年、高学年と発達によってサイズを変えていくのが良いと思います。問いを創る授業では、最終的に不思議のタネや付箋紙を使わなくとも、自分で問いを創り、探究していくことができるようになることを目指しています。ですから、子どもの発達や問い創りの習熟度により、さらに次の段階のノートも用意しています。それが図14です。やはり見開きで使用します。左のページには、タイトルと日付、そしてそ

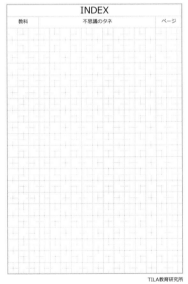

図 13　インデックスページのサンプル

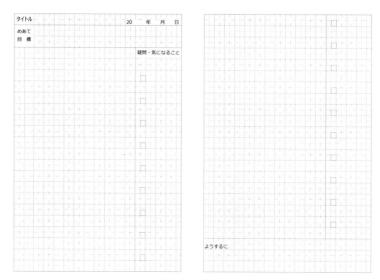

図14　普段使いの問い創りノートのサンプル

の授業のめあてや目標を書く欄があります。中央の一番広い部分が、授業の
ノートを取るところです。そして、ページ右端の部分の質問・気になること
が、自分で見つけた不思議のタネや問いになります。つまり、問いを創る授
業をしなくても、付箋を用意しなくても自分で何か気になるところを発見し
て、それについて問いをメモし、授業を受けていきます。授業を受けて解決
しなければ、質問したり自分で調べたりして解決します。ノートの右ページ
の終わりには、前の問い創りノートと同じように「ようするに」の欄を設け
てあります。常に、学んだことを、自分の言葉で自分なりの理解を創るよう
にします。ノートの先頭にはやはりインデックスページをつくり、あとで振
り返るときに活用します。

　ここではノートのサンプルをご紹介しましたが、わざわざ、このような
ノートを印刷してつくらずとも、子どもたちが自分でノートに線を引いてつ
くれば良いのです。また、枠組みもサンプルで示したものでなければいけな
いことはありません。要は、子どもたちがより学びやすければ良いのです。
使い勝手のよいノートを工夫してみてください。

コラム ② 不思議のタネは従来の『発問』とどう違うの？

　最も大きな違いは不思議のタネ自体は、『発問』のように疑問形になっていないことです。いままで行われていた多くの授業では、教師が発問して子どもたちはその発問に対する答え（正解）を導き出すという展開で進められていました。しかし「問いを創る授業」では、教師が発問するのではなく、教師は不思議のタネを子どもたちに提示します。子どもたちは提示された不思議のタネから疑問に思うことやもっと知りたいことなどを自分で『問い』という形で書き出します。不思議のタネとは、子どもたちが問いを考え出すための起爆剤となるのです。

　「不思議のタネ」と聞くと、何かとても不思議なものでなければならないように考えてしまいますが、不思議のタネ自体が不思議なものである必要はありません。日常よく目や耳にする言葉や文章、図や写真、映像、表やグラフあるいは実物などのことです。例えば、南アフリカ共和国の報道写真家でピューリッツァー賞を受賞したケビン・カーターの「ハゲワシと少女」の写真。これ自体は不思議なものではなく事実を撮影した写真です。しかしこの写真を不思議のタネとして子どもたちの前に提示することで、子どもたちからは「場所はどこ？」「どうしてこの少女はこんなにやせているの？」「なぜこの写真を撮ろうと思ったの？」などとたくさんの問いが生まれます。

　たった１枚の写真から人権や平和、歴史的背景、環境問題など社会にとって重要な課題への問いが次から次へと生まれてきます。教師の『問い』に対する答えを考えるときのように正解を求めるのではなく、答えのない問いについて、１人の人間として問い続ける思考プロセスを体験することができます。これからの社会で求められている「答えのない問いを問い続ける力」を養うことができます。

　「問いを創る授業」では、教師が発問して子どもたちが答えを導き出すという従来の授業では見ることのできなかった、いきいきと学ぶ姿を目の当たりにすることができます。

第 **3** 章

「問いを創る授業」を
やってみよう！
（実践例）

不思議のタネ「ミリーのすてきなぼうし」の挿絵

単元名「本は友達『ミリーのすてきなぼうし』」（１・２時間目／６時間扱い）
教科書名『たんぽぽ　国語２年上』（光村図書）

単元目標➡「読書に親しみ、色々な本があることを知ることができる。」「文章を読んで感じたことやわかったことを共有することができる。」

お話を読んだら答えがわかりそうな問い

ここはおみせ？
この子はいくつ？
どこのお話？
男の人はだれ？
女の子は、なにをしにきたの？
二人は何をしているの？
まじめにやってるの？
ここはぼうしやさん？

決められない問い

女の子がうれしそうなのはどうして？

みんなでかんがえる問い

どうしてまじめなかおしてるの？
男の人は女の子のあたまになにをのせてるの？
男の人は、どんな気持ちでいるのかな？

🔎 なぜ、この不思議のタネにしたのか？

　私たちは日々の日常の中で、「おもしろそうだな！！」「挿絵がかわいい」「この作者の本が好き」など、色々な動機から本を手に取ることが多いように思います。１人で文章を読みはじめた子どもたちに、内容はわからないけれど、ドキドキしながら「どんなお話なんだろう」と想像力を膨らませ、読みはじめていってほしいと考えました。また、問いを浮かべやすく言葉が先行しないものがよいとも考えました。

📖 授業の流れ

１．導入（３分）

Ｔ：みんなは図書室などで本を選ぶとき、どうやって本を手に取りますか？

Ｓ：友達が前読んでた本。絵がいっぱい載っている本。お母さんが勧めてくれた本。図鑑。教科書に載ってる本。なんとなく。

Ｔ：本を読むのは、楽しい？　色々な本があるけど、物語はみんな好きかな？

Ｓ：好き。わけわからんようになってくる。アニメや動画の方がおもしろい。

Ｔ：私は、みんなが楽しんで物語を読んでくれたらいいなと思ってるの。だから今度のお勉強もとっても楽しみなんだよ。

💭。「問いを創る授業」を機能させるポイント

> 本には色々な種類がありますが、今回の授業での教師の思いを伝えることで、「楽しい」ことが起こる！　と感じさせられるといいでしょう。

２．不思議のタネの提示（５分）

Ｔ：では、今日の不思議のタネを見てください。この絵を見て、なんでもいいので、あれ？　と思ったことを書き出してみましょう。今は友達と相談せずに１人で考えてみてね。

Ｓ：ここはお店？　帽子屋さん？　この子は女の子いくつ？　どこのお話？　２人は何をしているの？　男の人はだれ？　男の人は、女の子の頭に何をのせてるの？　おじさんは何も持っていないよ。どうして見えないの？　まじめにやってるの？　女の子はうれしそうだけどどうして？

Ｔ：色々わからないことや不思議なことがあるよね。では、あなたがわからないことを出していきましょう。

💭。「問いを創る授業」を機能させるポイント

> 授業で物語を扱う際、物語に書かれている様々な事柄に重きをおき、順序立てて進めていく傾向がありますが、ここでは「タネ」から興味をもった思いをもとに問いをつくっていき、物語を読み進めています。

３．問いを創る（５分）

Ｔ：どんなことでもかまわないよ。自分が「？」と思ったことや聞きたいこ

63

とを言葉にしてね。

S：「何にも持っていない」も書いていいの？

T：なぜそう思ったの？

S：だって、何にも持っていないのにまるで帽子をかぶせてるみたいだもの。

T：不思議に思ったの？　　S：うん

T：じゃあ思った通りに書いてもみたら？　　S：「何にも持っていない？」

💭.「問いを創る授業」を機能させるポイント

付箋紙1枚に1つずつの問いを書いていくように指示します。創った問いを声に出す子どももいますが、「声に出さずみんなで楽しんで問いを創っていこう」とアドバイスします。決めつけた言い方や批判の発言には注意です。

4.問いを絞る（10分）

T：たくさんの問いを考えてくれましたね。それじゃあ、よく似た問いもあると思うので、大きなグループにまとめていきましょう。今回は、プリント1にあるように「物語をよんだらわかると思う問い」と「みんなで考えたい問い」にわけていきましょう。全部わけられたら、これが一番知りたいと思う問いにマークをつけておいてください。

S：わけるのむずかしい。

T：そんなに難しく考えなくてもいいよ。あとで、移動もできるからね。

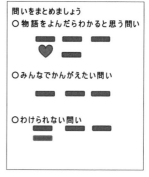

プリント1
■■■等は、付箋を表しています。

💭.「問いを創る授業」を機能させるポイント

自分で不思議に思った問いを中心に、その中でも「絶対これが知りたい」「読んだだけじゃわからない」と思うような問いを見つけさせたいところです。プリントにあらかじめ3つのグループを書き込み、子どもたちが自分で創った問いを振りわけていけるようにします。

５．問いを使う（17分）

T：物語を読んだらわかる問いの答えを見つけにいきましょう。教科書を開いて、それぞれお話を読んでみましょう。

T：どうだった？　答えがわかる部分を見つけた？　見つかった人は、プリントに答えを書き込み、見つけられなかった人は、もう一度自分で読んで、答えを探しましょう。　　**S**：答えがわからないのがありました。

T：そういう問いは、わけられない問いに移動しておいてください。では、お話を読んで答えがわかった問いについて確認していきますね。

T：みんなで一緒に考えたい問いについては、次の時間にしますね。

🐑「問いを創る授業」を機能させるポイント

　物語を読み、答えを見つけることで達成感・充実感を、問いを解決していくことで、物語についての印象が変わっていく子どもたちの気持ちを大切にしたいところです。「みんなで考えたい問い」については、まず自分で考えてから、みんなで話し合う形にもっていきましょう。

６．まとめ（ふりかえり）（5分）

T：問いを自分たちで解いてみてどうだった？　問いは解けたかな？

S：「はい」「まだあったよ」「新しいなんで？　があるよ」

T：黒板に出さなかった問いがあるのかな？　その問いについては、自分のノートにまとめておいてくれますか？　後で見せてもらって、みんなにも教えてあげましょう。物語を読んで、新しい問いが出てきたのは、とても素敵なことだと思います。出てきた問いについては、次の時間に勉強しましょう。

🔍 編者の視点 🔍

　ここでは、普段何気なく眺めている挿絵を、疑問をもって眺めるという視点を子どもたちに与えています。子どもたちは、挿絵からも情報が得られることを知ります。また、「物語を読んだらわかる問い」のように分類方法を設定することで、問いの中には自分ですぐに解決できる問いがあることを学びます。さらに、自分が疑問に思ったことを「知りたい！」という思いをもって積極的に文章を読むという姿勢も同時に育んでいます。

不思議のタネ
「みをまもる　どうぶつたち」

単元名「『動物のひみつクイズ』をつくって紹介しよう」
（1時間目／8時間扱い）
教科書名『あたらしいこくご　一上』（東京書籍）
単元目標➡「事柄の順序を考えながら読み、文章の中の重要な語や文を選び出すことができる。」

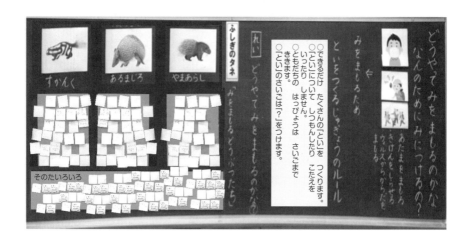

なぜ、この不思議のタネにしたのか？

　問いを創る時間を通して、いままでの自分の知識や人とのつながりの中で知り得たことをもとに、動物という子どもたちにとって身近なものから、新たな疑問や課題を発見してもらいたいと思い、本課題を設定しました。

　新学習指導要領で示されている、育成すべき資質・能力の3つの柱の「何を理解しているか」「何ができるか」を子ども自身がメタ認知でき、「理解していること・できることをどう使うか」を、表現する場として単元の最後に「動物のひみつクイズ」を設定しました。

📖 授業の流れ
1．導入（5分）

T：（ヘルメット、防犯ブザー、マスクの写真を提示しながら）これらは、なんのために、身につけると思いますか？

S：頭を守るため。助けを知らせるため。ウイルスを防ぐため。

T：じゃあ、もしもヘルメットや防犯ブザーやマスクがなかったらどうする？　ちょっとやってみようか。（ヘルメットを上げて見せる)せ〜の！

〔ヘルメット〕　S：頭に手を当てる。

〔マスク〕　S：口に手を当てる。

〔防犯ブザー〕　S：「助けて〜」と叫ぶ。

☁️。「問いを創る授業」を機能させるポイント

　ここでは、人間が身を守る場合、多くの場合は道具を使いますが、防犯ブザーがない場合は、『大きな声』を出せるということに気づかせておくことで、自分のからだ自体が身を守る道具の役割を果たしていることの理解につなげようと考えました。

2．不思議のタネの提示（1分）

　先生が、ヘルメットをかぶりマスクをし、防犯ブザーを鳴らすふりをする。

T：今日の不思議のタネはこれです！　皆さんで読みます。せ〜の！

S：みをまもる　どうぶつたち

T：はい、おまけ！（やまあらし、あるまじろ、すかんくの写真を貼る）

☁️。「問いを創る授業」を機能させるポイント

　写真を貼ることで、子どもたちは、この動物たちに注目すればいいことがわかります。また、「みをまもる　どうぶつたち」という文字刺激と実際に目にする動物の姿格好の視覚刺激から、たくさんの仮説（もしかして〜かな？）が自然と浮かんでくるしかけをつくりました。

３．問いを創る（20分）

T：不思議のタネを見て、どんな問いが思い浮かぶかな？　思い浮かんだ順で構わないので、１枚の付箋に１つの問いを書いてください。何枚使ってもいいからたくさん書いてみてね。

S：やまあらしのおしりの毛みたいなのはなにかな？　あるまじろのからだの表面はどうなっているのかな？　すかんくはおならで身を守るのかな？　おならには毒があるのかな？

☁。「問いを創る授業」を機能させるポイント

　付箋に問いを書けば書くほど枚数が増えるので、書いたという達成感を味わうことができます。少なくとも１人１枚は書けるよう支援します。何を書いたらいいのかわからない子どもへは、写真を見せながら「どう思う？」と聞いてみて、子どものつぶやき（例えば「あるまじろのからだってかたいのかな？」「すかんくってどんなとき、おならするのかな？」など）をそのまま付箋に書くといいことを伝えます。

４．問いを絞る（4分）

T：みんなが書いてくれた問いがこんなにたくさんになりました。ちょっと読んでみますね。

T：みんなの書いた問いを全部まとめて１つにするとどうなるかな？

S：動物はどうやって身を守っているのかな？

☁。「問いを創る授業」を機能させるポイント

　子どもが出した問いを動物ごとに貼らせることで、問いを創りやすくしました。さらに系統立てて貼る場所を変えることで、視覚的にも捉えやすくしました。また、すべての動物に共通する問いは「そのたいろいろ」に貼ってもらいました。ここでは、あえて問いを絞り込まず、みんなの問いをすべて生かせばどうなるか、考えてもらいました。すぐに出なくても、「そのたいろいろ」の中に、共通する問いが入っているので、そこから出しました。

５．問いを使う（５分）

T：では、この次の時間は、みんなで創った『動物はどうやって身を守っているのかな？』についてお勉強します。

S：先生！　３つ（やまあらし、あるまじろ、すかんく）だけ？

T：３つだけでいいですか？

S：「えぇ～、もっと」

T：これからお勉強する『動物はどうやって身を守っているのかな？』の最後には、みんなにもっとたくさんの動物について「動物のひみつクイズ」をつくってもらって、クイズ大会をしたいと思っています。

☁ 「問いを創る授業」を機能させるポイント

　単元の最後に、「動物のひみつクイズ」を設定することで、常に新たな問いをもちながら学習を進めることができます。自分で「何ができるようになったか」について、ノートに書かせることで、子どものメタ認知機能も高められると考えられます。

６．まとめ（ふりかえり）（10分）

T：今日の問いを創る授業はいかがでしたか。授業がはじまる前と今とを比べて、できるようになったことを、ノートに書きましょう。

T：次回の授業でも、「不思議だな。どうしてなのかな？」といった問いをもってお勉強を進めていきましょう。

🔍 編者の視点 🔍

　低学年は、まだまだ不思議センサーは健在です。また、文字よりも絵や写真、絵や写真よりも実物の方が、イメージしやすいので、ヘルメット、防犯ブザー、マスクの実物を見せての導入はさすがです。『不思議のタネ』も文字で提示した後、「おまけ」として、動物の絵を黒板に貼ることで『問い』を浮かべやすくなります。また「クイズ大会」を行うことでもっと知りたいという欲求も満たさせることでしょう。発達に応じた導入、『不思議のタネ』の提示でした。

単元指導計画（8時間扱い）

時	ねらい	○主な学習活動　・留意点	◆評価
①本時	不思議のタネを手がかりにし、教材文への関心を高め、問いを創ることを経験する。	○不思議のタネを知る。 ○疑問に思うことや知りたいことをもとに、問いを創る。 ○単元の学習課題をつかむ。	◆動物のからだのつくりに関心をもち、問いを見いだそうとしている。 【主体的に学習に取り組む態度】
②	文章のまとまりを捉える。	○文章を4つのまとまりにわけてとらえる。 ・挿絵を手がかりにして、それぞれの動物の説明がどこからどこまでなのかを捉えさせる。	◆事柄の順序など情報と情報との関連について理解している。 【知識・技能】
③	やまあらしの身の守り方について、絵と文章を対応させて読み取る。	○やまあらしの挿絵と文章を対応させて、身の守り方を読み取る。 ・教材文の中の「問い」と「答え」を見つける。	◆「読むこと」において、文章の中の重要な語や文を選び出している。 【思考・判断・表現】
④	あるまじろの身の守り方について、絵と文章を対応させて読み取る。	○あるまじろの挿絵と文章を対応させて、身の守り方を読み取る。 ・やまあらしの文と同じように「問い」→「答え」の順で文章が書かれていることに気付かせる。	◆「読むこと」において、文章の中の重要な語や文を選び出している。 【思考・判断・表現】

⑤	すかんくの身の守り方について、絵と文章を対応させて読み取る。	○すかんくの挿絵と文章を対応させて、身の守り方を読み取る。 ・あるまじろの文と同じように「問い」→「答え」の順で文章が書かれていることに気付かせる。	◆「読むこと」において、文章の中の重要な語や文を選び出している。 【思考・判断・表現】
⑥	文章を読んでわかったことや、もっと知りたくなったことなど、感想を交流する。	○教材文に出てきた中で、気になる動物を１つ選び、感想を交流する。 ・どうしてその動物を選んだのかを説明させる形で感想を交流させる。	◆これまでの学習や経験で気付いたことや、できるようになったことを生かしながら、読んでわかったことをまとめようとしている。 【主体的に学習に取り組む態度】
⑦ ⑧	教科書以外の本や文章を読んで、「動物のひみつクイズ」をつくり交流する。	○教材文の問いをもとに「動物のひみつクイズ」をつくる。 ・友達のクイズでよかったこと、はじめて知ったことを伝え合う時間を設定する。	◆説明文から読み取った述べ方をふまえて、他の動物について書いている。 【主体的に学習に取り組む態度】

2年生活科「問いを創る授業」実践例

不思議のタネ
「（発育不全の）キュウリの写真」

単元名「ぐんぐん　そだて　おいしい　やさい」（2時間目／16時間扱い）
教科書名『せいかつ　下』（光村図書）
単元目標➡「継続的に植物を栽培する活動を通して、これまでの栽培の経験を生かしながら、植物の変化や成長のようすについて考え、それらが生命をもっていることや成長していることに気付くとともに、生活上必要な習慣や技能を身に付け、植物に親しみをもち、大切にすることができるようにする。」

🤔 なぜ、この不思議のタネにしたのか？

　野菜に親しみをもち、大切にするためには、「美味しいキュウリを育てたい」という思いが不可欠です。もちろん、何もせずとも、素直な気持ちで、「美味しいキュウリを育てたい」と思う子どもは多くいるはずです。しかし、より切実な気持ちで臨むことで、育て方を調べたり、丁寧な世話をしたりすることができると考えました。よって、美味しいキュウリと、育て方に失敗したキュウリを両方提示し、自分たちの欲求とは違う結果になる可能性を知ることで、「美味しいキュウリを育てるためには、どうしたらいいのか」という問いを引き出しやすくしました。

📖 授業の流れ
1．導入（7分）

T：前の授業で、「サラダパーティー」をすること、トマトとキュウリを育てることを、みんなで決めましたね。楽しみですね。実は今朝、八百屋さんで、とっても美味しそうなキュウリを見付けたので、買ってきました（実物を見せ、とても美味しそうに食べる）。

S：えー！　いいなぁ。食べたいなぁ。美味しそうだなぁ。

💭「問いを創る授業」を機能させるポイント

　子どもが、「美味しいキュウリを育てたい」と思えるよう、目の前で瑞々しいキュウリを豪快に食べる導入にしました。

2．不思議のタネの提示（3分）

T：先生は前にも、キュウリを育てたことがあります。でも、そのときは、上手くできませんでした（と言って、写真を提示する）。

S：えー！　スカスカだ。美味しくなさそう。

💭「問いを創る授業」を機能させるポイント

　美味しそうなキュウリ、上手く育たなかったキュウリを見ることにより、「美味しいキュウリを育てたい」「両方の差は、なんだろう」という思いをもち、それが問いにつながります。また、「育て方」「水」「虫」に関する問いを引き出させたいと思い、写真をタネにし、視角的に発想が広げられるようにしました。見た目から、害虫や水不足を想像しやすいと考えたからです。

3．問いを創る（15分）

T：「不思議だな」「どうして？」「知りたいな」と思ったこと、「〜かな？」と考えたことなどを、1枚の付箋に1つずつどんどん書きましょう。

S：どうして、写真のキュウリは、あんなに穴が開いているのかな。どうやって育てるとうまくいって、どうやって育てるとうまくいかないのかな。水をやらなかったからかな。穴は、虫が食べ

たのかな。虫に食べられないようにするには、どうしたらいいかな。先生が食べた美味しいキュウリは緑色だったのに、写真のキュウリは黄色いから病気かな。病気にならないようにするにはどうしたらいいのかな。

4．問いを絞る（15分）

T：どのような問いを創りましたか。　S：どうやって育てればいいかな。

T：「育て方」グループにしましょう。　S：水はどれくらいやるのかな。

T：似ている問いを創った人は、いますか。また、「水」という言葉が入っている人は、どのくらいいますか。たくさんいるようですね。では、そのような問いを「水」グループにしましょう。

S：どうやったら虫はこないのかな。

T：「虫」グループにしましょう。では、ペアで、自分たちの付箋がどのグループに入るのかをわけていきましょう。似ている言葉が入っていたら、そのグループにしていいですよ。ただし、ど
れにも当てはまらない付箋は、「その他」グループに入れましょう。グループわけが終わったら、黒板の画用紙に付箋を貼りましょう。

れでも、「その他」が多くなりますが、分類は今後育てるスキルなので、低学年の導入期としては問題ありません。それ以上に、共感的人間関係を育む手だてとして、分類をする際、ペアでの話型指導に力を入れました。「友達の創った問いに答えを言ったり、評価をしたりしない」「友達の話は最後まで聞く」聞き終わったとき、「自分も同じだったよ」「そういうのもあるね」「いいね」などと言って、友達を認める3つのルールを担任が実演をしながら指導しました。

5．まとめ（ふりかえり）（5分）

T：「育て方」「水」「虫」「その他」たくさんの調べたいことや知りたいことが集まりましたね。「その他」は、画用紙をはみ出してしまうくらい問いができましたね。それらを全部調べて解決したら、どんなキュウリができると思いますか。

S：スーパーマーケットや八百屋さんより美味しいキュウリができます。世界一美味しいキュウリができます。

T：では、それを、みんなで創った問いにしましょう。「どうしたら、世界一美味しいキュウリができるのでしょうか。」それを、みんなで調べたり考えたりして、世界一美味しいキュウリをつくりましょう。

「問いを創る授業」を機能させるポイント

黒板にすべての問いを貼らせる活動では、子どもの充実感や達成感に満ちた表情が伺えました。その問いを1つにまとめることで、自分たちの問いが、その後の授業を組み立てるという実感をもたせることができます。ただし、その作業は、低学年という実態から、教師主導で行いました。

🔍 編者の視点 🔍

おいしそうなきゅうりとスカスカのキュウリの写真を対比させるなど、子どもたちの思考の流れを考えて不思議のタネを設定しています。また、問いの収束では、「育て方」「水」「虫」というキーワードが入った問いを創った子どもを意図的に指名し、授業の目的に沿った収束を行っています。その他の分類が多くなっていますが、2年生の段階では積極的に問いを創ることや自分たちの問いで授業が行われる楽しさを体験することが大切です。

単元指導計画（16時間扱い）

時	ねらい	○主な学習活動　・留意点	◆評価
① ② 本 時	身近な野菜を思い起こし、野菜を育ててみたいという思いをもち、野菜づくりに関する問いを創ることができるようにする。	○野菜の栽培に関する経験を出し合う。 ○育てる野菜を決める。 ○美味しい野菜を育てるために必要な問いを創る。 ・野菜づくりに対しての関心を深めるため、美味しいキュウリの実物と、発育不全なキュウリの写真を不思議のタネにする。	◆身近な野菜について、自ら進んで関心をもち、関わろうとし、野菜づくりに関する問いを創っている。 【主体的に学習に取り組む態度】
③ ④ ⑤	苗の植え付けなどの活動を通して、それぞれの野菜に適した育て方があることに気付き、野菜の成長に期待をもつことができるようにする。	○野菜の育て方を農家の方に聞いたり、本で調べたりする。 ・いつでも農家の方に相談できるようにしておく。 ○苗の植え付けや種まきをする。 ・カードを用意し、気付いたことを適宜書けるようにする。	◆それぞれの野菜には、その野菜に適した準備や植え方などがあることに気付いている。 【知識・技能】
⑥ ⑦ ⑧ ⑨ ⑩	野菜の世話を続ける中で、気付いたことや思ったことを表現したり、問題を解決したりする活動を通して、野菜の変化に気付き、野菜の世話を楽しむことができるようにする。	○継続的に世話や観察をし、野菜の成長を記録する。 ○世話をする中で起きた問題は、クラスで取り上げ、話し合う。 ・毎日の世話に飽きたり、おろそかになったりしないように、野菜の高さを支柱に記録したり、実の大きさを測ったりするなど、成長を実感できるようにする。	◆野菜の変化や成長の様子について、継続的に観察し、友達の野菜とも比べながら、気付いたことを表現している。 【思考・判断・表現】
⑪ ⑫ ⑬ ⑭ ⑮	野菜を収穫する活動を通して、栽培活動のやりがいを実感し、お世話になった人に感謝の気持ちをもつことができるようにする。	○野菜の収穫をし、サラダパーティーを開いて食べ、収穫できた喜びを表現する。 ○お世話になった人に手紙を書いたり、収穫した野菜をプレゼントしたりして、感謝の気持ちを伝える。	◆野菜の成長には、継続的な世話、太陽光や土などが必要であることに気付いている。 【知識・技能】

| ⑯ | これまでの活動を振り返り、野菜の成長や、自分自身の成長を実感し、これからも野菜に親しもうという思いをもつことができるようにする。 | ○これまでの活動を振り返り、したことやもっとやってみたいことなどを伝え合う。
・野菜の栽培記録や、活動時の写真などを見ることで、これまでの活動を振り返りやすくする。 | ◆これまでの活動について振り返り、したことや、もっとやってみたいことなどを表現したり、伝え合ったりしている。
【思考・判断・表現】 |

3年理科「問いを創る授業」実践例

不思議のタネ
「下図のように磁石に鉄製の釘を
つけたものを2つくっつける場面」

単元名「じしゃくにつけよう」
（1時間目／8時間扱い）
教科書名『新しい理科3』（東京書籍）

単元目標➡「磁石を身の回りの物に近づけたときの様子に着目して、それらを比較しながら、磁石の性質について調べる活動を通して、磁石に引きつけられる物と引きつけられない物があることなどの磁石の性質についての理解を図り、実験などに関する技能を身に付けるとともに、主に差異点や共通点をもとに、問題を見いだす力や主体的に問題解決しようとする態度を育成する。」

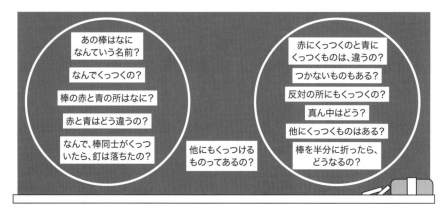

あの棒はなになんていう名前？

なんでくっつくの？

棒の赤と青の所はなに？

赤と青はどう違うの？

なんで、棒同士がくっついたら、釘は落ちたの？

他にもくっつけるものってあるの？

赤にくっつくのと青にくっつくものは、違うの？

つかないものもある？

反対の所にもくっつくの？

真ん中はどう？

他にくっつくものはある？

棒を半分に折ったら、どうなるの？

なぜ、この不思議のタネにしたのか？

　磁石に鉄製の釘がついた状態を見たとき、子どもたちは「なんでつくの？」と思うでしょう。2つの磁石をつけたとき、釘が落ちるのを見て、「一体何が起きているの？」と「？」マークがたくさん出るに違いないです。磁石の性質（①鉄を引きつける②棒磁石の両端にある「極」は磁力が強く、中心に近い部分は、ほとんど磁力がない③極には、N極とS極があり、違う極同士は引き合い、同じ極は退け合う④磁石に近づけると磁石になるものがある）すべてに通じる問いをもてると考えました。

📖 授業の流れ

１．導入（１分）

T：みんなこれ知っている？（棒磁石をみせる）

S：知らない。見たことある。家にあるよ。

T：そっか。今日は、この道具を使ってみんなで一緒に考えていきます。

💭 「問いを創る授業」を機能させるポイント

　ここで、磁石という名前や何に使うかを言わないのは、子どもたちに実験や調べ学習を通して、自分で答えを見つけてほしいからです。「磁石」という言葉を出しただけで、「あ〜知ってる。冷蔵庫に貼ってある」などと興味を損ねることにならないようにしましょう。

２．不思議のタネの提示（４分）

T：まず、この棒に釘を近づけてみます。（２つつくる）

S：あ、くっついた。なんで？

T：同じものが２つできたね。じゃあ、この２つもくっつけてしまおう。

S：えっ？　釘が落ちた。なんで落ちたの？　でも、棒と棒はくっついてるよ。

💭 「問いを創る授業」を機能させるポイント

　目の前で起こる事象を見ることで、自分の生活経験を思い起こしたり、新たな問いを思い浮かべたりすることができます。できるだけ教師の言葉は少なくし、棒磁石と釘との実験に集中させたいところです。

３．問いを創る（５分）

T：いまの実験を見て、あれって思ったことを用紙に書いてみましょう。

S：なんでもいいの？

T：みんなが不思議だなって思ったことなら、だいじょうぶだよ。

S：あの棒はなに？　なんていう名前？　なんでくっつくの？　反対の所にもくっつくの？　真ん中はどう？　他にくっつくものはある？　棒の赤と青の所はなに？　赤と青はどう違うの？　なんで、棒同士がくっついたら、釘は落ちたの？　赤にくっつくのと青にくっつくものは、違うの？　つかないものもある？　棒を半分に折ったら、どうなるの？

　問いは、色々と出てきます。口々に発表させるとその言葉に反応してしまうこともありますので、画用紙でつくった短冊を各自に渡し、１枚に１つの問いを書いてもらうといいでしょう。また、問いの内容について教師があらかじめ予想しておくことも必要です。

4．問いを絞る（10分）

T：では、作った問いを黒板に貼りに来てください。同じことを書いているかなと思ったものは、近くに貼ってね。

（順番に貼りに来る。）

T：それでは、問いのグループをつくっていきます。よく似た問い同士をよせて、○で囲んでいきます。先生が確認するので、みんなで教えてね。できたグループは、どんなことをしたら、答えが見つかるかな？　それも想像しながら、わけてみましょう。

S：ためしてみる。調べたらわかる。

T：さっき、実験したら問いの答えがわかるとか調べたらわかるといった意見が出たけれど、その２つのほかに解決方法はあるかな？

S：その２つでいいです。

T：では、わけたグループを「調べるグループ」と「ためしてみるグループ」にわけてくれますか？

「問いを創る授業」を機能させるポイント

　問いのグループ化は、早くできると思います。その問いをどうやって解決するかは子どもたちに考えさせたいところです。教師は「調べる問い」と「実験する問い」があることを承知し、問いを使う段階で、どちらを優先していくかの計画は立てておきましょう。

5．問いを使う（20分）

T：では、出てきた問いをみんなで解決していきましょう。まず、棒についての「実験してみたい問い」について考えましょう。棒を渡しますから、自分の「問い」を解決していってください。試したことは、記録してね。

S：はさみはくっつくとことくっつかないとこがあったよ。紙はくっつかない。机もだめ。ほかに何かくっつくものはないかな？

T：じゃあ、教室にあるものはなんでも試してみて。（クリップ《数種類》や黒板磁石、画鋲、テープカッター、鍵など）

S：まだわからないことがあるよ。棒の名前とか。

T：そっか。なぞはまだあるね。それじゃ今度は、教科書を使って調べてみましょう。

☁ 「問いを創る授業」を機能させるポイント

最後の場面まで、教科書は開かせないようにしましょう。教科書には色々な情報が載っていますので、興味をもって解決する気持ちを阻害してしまいます。

6. まとめ（ふりかえり）（5分）

T：今日の実験や調べ学習でいろんなことがわかったね。みんなが考えた問いは、解決できましたか？

S：わかった。まだある。

T：そうだね。今日解決したことを次回の授業で、一度まとめてみましょう。そうしたら、まだわからないことがはっきりするからね。

S：先生、家で調べてきてもいい？

T：いいねぇ。自分の問いを早く解決したいんだね。OK ですよ。それでは、次の時間は、「釘はなぜ落ちたの？」など残った問いを解決していきましょう。

🔍 編者の視点 🔍

子どもの理解を超える現象を見せ、教師が必要以上に説明しないことで、不思議のタネとして機能させています。子どもの常識と起こることとのギャップが大きいほど興味を示します。また、「実験したらいい」や「調べたらわかる」などの発言を利用して解決の手段を示しています。問いの収束を磁石の性質などではなく、解決方法としたところが新しい収束方法の視点です。

不思議のタネ
「よばれ方が心を動かす」

単元名「名前のよび方・よばれ方」
オリジナル教材
単元目標➡「意識をもって相手の名前をよぶことは、相手を大切にす
ることにつながると気付くことができる。」

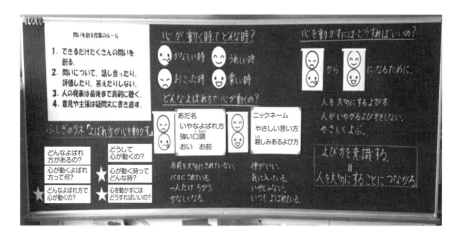

🧐 なぜ、この不思議のタネにしたのか？

　現代社会の変容の中で、子ども達の抱える問題が多様化するとともに、不
登校児童・生徒数も年々増加傾向にあります。「児童生徒の問題行動・不登
校等生徒指導上の諸課題に関する調査結果について」（文部科学省）から、
不登校の要因を「学校に係る要因」でみると、小学校・中学校とも「いじめ
を除く友人関係をめぐる問題」が最も高い割合を占めることがわかります。

　人から名前をよばれることは、存在承認にあたります。日に何度もよばれ
る自分の名前が、受け入れることのできない嫌なあだ名であったり、バカに
したよばれ方であったりすると、学校が楽しくなくなります。そこで、「名
前」について学び、日常生活に活かし、より良い人間関係の形成・維持・深
化につなげたいと考え、本課題を設定しました。

📖 授業の流れ
１．導入（４分）

T：皆さんが生まれて最初にもらったプレゼントって何でしょう。

S：小さい頃の誕生日のプレゼントかな？

S：え〜、覚えてない。忘れちゃった。何だろう……。

T：ものではありません。生まれてからずーっと、一生使います。

S：あ〜わかった！　名前でしょう。

💭「問いを創る授業」を機能させるポイント

　導入で「生まれて初めてもらったプレゼント」について考えさせること、また、そのプレゼントである『名前』には親からの想いや願いが込められていることに気付かせることで、不思議のタネへとつながるようにしました。

２．不思議のタネの提示（１分）

T：先生の名前は……　**S**：杉田亮介先生です。

T：はい、そうです。小さい頃は、「りょうくん」とよばれていました。そのよばれ方は、結構気に入っていました。皆さんは、お友達から何とよばれていますか？

　（口々に自分のよばれ方を伝え合う）

T：今日の不思議のタネは「よばれ方が心を動かす」です。

💭「問いを創る授業」を機能させるポイント

　自分の小さかった頃のよばれ方について、自己開示することで、『よばれ方』の意味が理解しやすくなります。と同時に、自分にも普段、みんなからよばれている『よばれ方』があること、そのよばれ方を快く感じているか、そうでないかを瞬時にメタ認知することができるよう促します。

３．問いを創る（１２分）

T：１枚の付箋に１つの問いを書いてください。頭に浮かんだ順にどんどん書いてください。問いに良い問いとか悪い問いとかはありません。

子どもたちの書いた問い：「心が動くってどういうこと？」「どんなとき心が動くの？」「どんなよばれ方だと心が動くの？」

T：今日は、問い創りノートを使いますので、付箋は一旦、問い創りノート
　　に貼っておいてください。

　事前に、 どうして？ や ～かな？ などのカードつくっておき、どうし
ても問いが浮かばない子どもへは、そのカードを見せたり、黒板に貼って
おいたりするなどの工夫をすると書きやすくなります。また、自分の本音
を書けない子どももいるかもしれませんが、付箋を一旦、問い創りノート
に貼ることで人の目に触れないよう配慮しました。みんなに見られたくな
い問いは、４の問いを絞る際、問い創りノートに貼ったままにしておいて
も良いことも、事前に伝えておきます。

4．問いを絞る（3分）

T：では、グループになって自分の書いた付箋を見せながら、問いを伝え合っ
　　てください。聞いている人は、首を縦にふりましょう。
　　（子ども達はグループで活動する）

T：グループでたくさんの問いが出たと思います。問いって実は、皆さんが
　　知りたいことですよね。今日は、4年生にはちょっと難しいですが、チャ
　　レンジできますか？

S：できる、できる！　う～ん、できるかなぁ～。大丈夫、できるよ！

T：皆さんが知りたいことを、1つの問いで言い換えてみましょう。みんな
　　の創った問いの中で、何を知ることができれば、スッキリしますか？

T：決まった班からこの画用紙に書いて、黒板に貼りに来てください。
　　（子どもと一緒に、班で書いた問いを分類して貼る）

T：みんなで考えながら分類した結果、「どんなよばれ方で心が動くの？」
　　がわかればスッキリする！　でいいですか？

　教師が問いを選ぶのではなく、子どもたちが自分たちで決めることで、
新たな問いも生まれてきます。自分が書いた問いが採用されないと、自分
自身が人から評価されなかった気持ちになるので、問い創りノート（56
頁参照）を活用しています。今回は、全員で同じ問いについて考えてほし

かったので、「１つの問いで言い換えると」としました。また、ちょっと頑張ればできそうなことにチャレンジさせたかったので「４年生にはちょっと難しいですが……」と奮起したくなるような言い方をしました。

５．問いを使う（20分）

Ｔ：今日は、みんなで決めた問い「どんなよばれ方で心が動くの？」について、自分たちで考えていきましょう。

（子どもたちには、自分の考えを問い創りノートに書いた後、班で話し合い、班ごとに発表してもらいます。）

☁。「問いを創る授業」を機能させるポイント

先生に言われたからではなく、自分たちで創った問いを、自分たちの力で考えていくというプロセスを踏むことで、学んだことを日常生活に活かそうという意欲につなげていきます。また、モヤモヤしたままの問いについて、問い続け、問い返し、問い直すことで、今回の単元目標である「意識をもって相手の名前をよぶことは、相手を大切にすることにつながると気付くことができる」と考えられます。

６．まとめ（ふりかえり）（5分）

今日の授業で、わかったことは何か、この授業を受ける前の自分とこれからの自分で、何をどのように変えたいか、ふりかえり用紙に書いて提出してもらいます。それをすべて（ランダムにして匿名で）読み上げ、プラスのフィードバックをします。

🔍 編者の視点 🔍

「よばれ方」が嫌で不登校になる子どももいます。このデリケートな題材では、細心の配慮をしながら、学ぶ前と後での行動変容を目指した取り組みとなっています。「聞いている人は首を縦にふりましょう。」と具体的行動を伝えることで、だれもが聞いてもらっていると感じられる状況をつくっています。また今回、問い創りノートを活用することで、モヤモヤした問いを、授業を終えた後も問い続け、問い返し、問い直しながら、１つずつスッキリさせていけることでしょう。

不思議のタネ
「昔のアイロンは、電気を使わなかった」

単元名「かわる道具とくらし」（１時間目／６時間扱い）
教科書名『小学社会３』（教育出版）
単元目標➡「道具の変化について、生活との関連を踏まえて理解する
とともに、調査活動、具体的な資料を通して、必要な情報を調べまと
める技能を身に付けるようにする。使われる道具の変化や、生活との
関連を考える力、考えたことを表現する力を養う。学習問題を解決す
るため、意欲的に調べ、特色や相互の関連、意味について粘り強く考
えたり、表現したりしようとする主体的な学習態度を養う。」

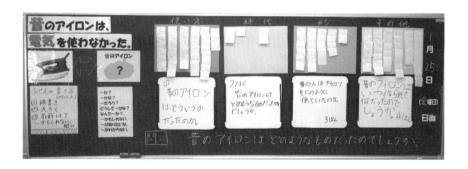

なぜ、この不思議のタネにしたのか？

　洗濯機を軸に授業を進めるのが主流ですが、はじまりが洗濯板であること
を知っている子どもは多くいます。その場合、問いが生まれにくい可能性が
あります。そこで、はじまりが知られていないアイロンをタネにし、問いを
多く出させ、解決することで、さらに他の道具や人々の暮らしの変遷にまで
興味を広げられるよう工夫をしました。子どもが「知りたい」と思ったこと
を、そのまま授業に生かすことで、自己決定の場が得られるだけでなく、自
己存在感を感じさせることができると考えました。

📖 授業の流れ

1．導入（7分）

T：大切な手ぬぐいが、しわしわになってしまい、困っています。

S：アイロンをかければいいと思います。きれいになりますよ。

T：では、実際にやってみましょう。どうやって使うのですか？

S：電気を入れて熱くなってから、伸ばすように上からかけていきます。

T：すごい！　本当にきれいになりました。便利な道具ですね。

☁. 「問いを創る授業」を機能させるポイント

　昔と今の道具の大きな違いは、電気を使用するか否かであり、それこそが、常識とのギャップを感じる部分となります。子どもの感じるギャップが大きいほど、問いは多く生まれます。タネを提示する前に、実際にアイロンを使用してみることで、その点に注目しやすくしました。

2．不思議のタネの提示（3分）

T：実は、この便利なアイロンは昔からありました。昔でも、布はあったはずですからね。しかし、それは、まだ電気が無かった時代です。つまり、「昔のアイロンは、電気を使わなかった」のです。

☁. 「問いを創る授業」を機能させるポイント

　歴史の導入単元なので、タネを「昔」と時代を曖昧にすることで、子どもから「いつ」というキーワードを引き出させるよう工夫をしました。

3．問いを創る（10分）

T：「あれ？」「どうして？」と不思議や疑問に思ったり、知りたい、調べたいと思ったりしたことはありませんか。「〜なのかな」という予想の入った疑問でもいいですよ。それを1枚の付箋に1つずつ書きます。

S：電気がないのに、どうやってしわを伸ばすのだろう。火を使うのかな。太陽の熱を使うのかな。お湯で温めるのかな。ガスを使うのかな。石で押すのかな。昔とは、いつのことだろう。いつから、今のアイロンになったのだろう。どんな形で、どんな道具なのだろう。

☁. 「問いを創る授業」を機能させるポイント

　問いを創る際、板書をヒントにすることが多いため、黒板には、「不思議のタネ」の文章だけでなく、「現在のアイロンの写真」「⇔」「？」などを貼りました。支援を要する子どもには、「昔のアイロンは○○だったかもしれない。」というヒントカードを渡し、○○に何を入れるかを考えさせました。

4．問いを絞る（23分）

T：どのような問いを創りましたか。

S：電気の代わりに、火を使うのかな。石を使い、上から押すのかな。

T：まとめて、どんなグループ名にしましょうか。

S：「使い方」グループにしよう。

T：他にはどんな問いができましたか。グループ名も決めましょう。

S：いつ、使われていた道具なのだろう。いつごろから、電気が使われるようになったのかな。「いつ」だから、「時代」グループにしよう。

S：今のアイロンのような形なのかな。底は平たいのかな。重たいのかな。これらは「形」グループでいいと思います。

T：他にもありますか。

S：今のアイロンと比べて、違うのはどのようなところかな。アイロンではない他の道具はどうなのだろう。電気がなくてもあったのかな。

T：それらは、「その他」グループにしましょう。では、「使い方」「時代」「形」「その他」に班で分類してみましょう。

T：（付箋を黒板の色画用紙に分類した後）これらの疑問や不思議を、すべてまとめて解決するための大きな問いを、班で創ってみましょう。最後には、「〜か。」を付け、ホワイトボードに書きましょう。

S：昔のアイロンは、どのようなものだったのでしょうか。

☁. 「問いを創る授業」を機能させるポイント

　収束的思考を育むため、分類をするスキルを中学年で身に付けさせたい。

そのためにグループわけやグループの名前付けも、子どもの意見をもとにして決め、問いを発表させる際の指名は、その後の分類を意識して行いました。また、子どもの書いた問いが、すべて授業に生かされるようにすべての付箋を貼り出し、それを網羅する問いを考えさせるようにしました。班ごとに問いを創らせ、より多く自己決定の場が設けられるようにもしました。

5．まとめ（ふりかえり）（2分）

T：では、次の授業で、昔のアイロンについて調べていきましょう。

☁。「問いを創る授業」を機能させるポイント

　次時では、子どもが創った問い（付箋）をもとに進めていきます。自分の創った問いが授業を進めているという事実が、自己存在感を高め、主体的に学習をする態度を養います。また、アイロンの学習をする中で、昔の人の暮らしや変化について興味をもつようになり、次時の終了時には「他の道具についても調べたい」「どんな暮らしをしていたか知りたい」という思いが出てきます。その思いが新しい問いを創ることになり、さらなる学習につながります。

次時のまとめ（ふりかえり）

T：これで、前回の授業で創った「アイロン」の問いを解決することができましたね。では、学習は終わりでいいですね。

S：先生、まだ終わりたくはありません。他の道具についても調べたいです。それから、それを使っていた人達についても調べたいです。

T：「その他」の部分に、そういう付箋を書いて貼っている人がいましたね。では、前回創った問いを変えていきましょう。

S：昔の道具や、人々の暮らしはどう変わってきたのでしょうか。

T：次の授業では、それを解決していきましょう。

🔍 編者の視点 🔍

　「昔」という言葉を使い、「いつ」を引き出すなど、子どもたちの思考の流れや知りたい欲求をよく理解して意図的に不思議のタネを設定しています。また、すべての問いを網羅する問いを考えさせていますが、子どもたち全員の問いが生かされる工夫です。収束のためのグループ名もそうですが、子どもたちを授業に自我関与させることで、学ぶ意欲を引き出しています。

単元指導計画（6時間扱い）

時	ねらい	○主な学習活動　・留意点	◆評価
①本時	古い道具に関心をもち、時代や用途、今の道具との違いに着目して、学習問題を創る。	○現在のアイロンの使い方を確認する。 ○不思議のタネを知る。 ○個人で付箋に問いを創る。 ○グループで、問いを分類する。 ○グループや全体で、すべての問いを網羅する、大きな問いを創る。	◆古い道具について、時代や用途、今の道具との違いに着目して、問いを創っている。 【思考・判断・表現】
②	問いをもとに、アイロンの時代に伴った変遷と人々の暮らしの変化を捉える。 　昔の道具や暮らしについて着目し、学習問題を再度創る。	○アイロンの変遷を道具年表にまとめる。 ・火のしは実物を用意する。 ・歴史の導入単元であるため、年表の見方やまとめ方を指導する。 ○他の道具や人々の暮らしについての新たな学習問題を創る。	◆火のしを観察することで、道具や暮らしは時間の経過に伴って変化していることを理解している。 【知識・技能】
③④	地域の郷土資料館を訪ね、昔の道具や暮らしの様子を捉える。	○郷土資料館を見学し、昔の道具について調べ、それぞれ道具カードにまとめる。 ・見学のマナーや注意点、調べる視点については、事前に指導しておく。 ・道具カードの内容 ①道具の名前（今の道具名） ②使い方 ③形（絵） ④工夫 ⑤時代 ⑥そのころの暮らしの様子 ⑦今の暮らしとの違い	◆道具を観察したり、話を聞いたりして、道具の使い方や時期など必要な情報を集め、道具カードにまとめている。 【知識・技能】

⑤	同じ用途の道具の変化に着目し、人々の暮らしの変化について、整理・分析ができるようにする。	○昔と今の道具について調べてきたことをもとに、その違いについて話し合う。 ・郷土資料館で記録してきた道具カードをもとにする。	◆道具の変化と、それに伴う暮らしの変化について整理・分析し、ノートにまとめ、表現している。【思考・判断・表現】
⑥	年表づくりを通して、道具と人々の暮らしが移り変わってきたことを表現する。	○道具の変化とくらしの変化をまとめ、その移り変わりを年表にする。 ○年表をもとに、わかったことを話し合う。 ○第１時で書いた付箋をもとに、ノートに単元のまとめを書く。	◆道具と人々の暮らしの変化について年表にまとめ、その移り変わりについて表現している。【思考・判断・表現】

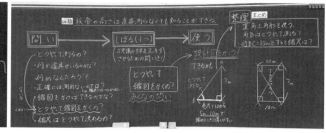

なぜ、この不思議のタネにしたのか？

　本時は、縮図・縮尺を利用して実際に測ることが難しい高さを求めること
に面白さがあります。教科書の問題を解くだけでは、やり方を教えるだけに
なり、子どもたちの感動は生まれないと考えました。そこで、実際に体験を
すれば、記憶に残る授業になるのではないかと思い、設定しました。

　新学習指導要領が求めている「育成すべき資質・能力の3つの柱」との関
連については、特に「思考力、判断力、表現力等の育成」「学びに向かう力、
人間性等を涵養すること」に重点を置きました。この不思議のタネにするこ
とにより、子どもの心からふつふつと湧き上がるであろう「どうやって？」
「そんなことできるの？」という学習意欲を高めることができるのではと考
えました。そして、本時での学びをもとに、「じゃあ、あの木の高さも求め
られるのかな？」と発展的に物事を考える力も育みたいと考えました。

授業の流れ
1. 導入（3分）

T：拡大図と縮図の単元もいよいよ終盤戦です。（既習事項の確認をする。）今日は、問いを創る授業をしましょう。いつものように、不思議のタネを準備してありますので、楽しみにしていてください。

S：どんな不思議のタネかな。気になるな。

「問いを創る授業」を機能させるポイント

算数の授業では、既習事項を授業の中で終わらせるのではなく、生活に活かしたり、すでに身近なものに活用されていることに気付いたりすることは大切なことです。ゆえに、いま、どこの単元を学習しているかを頭の中に意識させておくことは非常に重要なことだと考えます。

2. 不思議のタネの提示（2分）

T：今日の不思議のタネはこれです。「校舎の高さは直接測らなくても知ることができる」です。

S：え〜っ！？　そんなことできるの？　どうやって？

S：直接測らないのだから、登らなくてもいいのか……。

「問いを創る授業」を機能させるポイント

毎日見ている校舎。その高さは、普段気にも留めません。また、この不思議のタネによって、児童の興味・関心を引き出していくことがねらいです。

3. 問いを創る（10分）

T：この不思議のタネを見て疑問に思ったこと、これを問いと言いますが、その問いを1枚の付箋に1つずつ書いて、問い創りノートに貼っていきます。頭に浮かんだ順にどんどん書いてください。

S：どうやって測るの？　直接測らないのなら、何か道具がいるのかな？　正確に測れないのではないかな？　何mなんだろう？　縮図を描けばできるのかな？　どうやって縮図を描くの？　縮尺はどうやって決めるの？

「問いを創る授業」を機能させるポイント

どんな問いでも、とにかく出させます。授業者のスタンスとしては、余

4．問いを絞る（5分）

T：この中から知りたい問いを学級で1つに絞ります。まずは、班になって、
　　これがわかればスッキリするという問いを班で1つに選びましょう。
　　（その後、班の意見を学級全体で話し合い、1つに絞る作業を行う。）

T：みんなで考えた結果、みんなの問いは『どうやって縮図を描くの？』に
　　決まりました。ところで、皆さんはなぜ、この問いを選んだのですか。

S：縮図は、この前学習したけど、もとの図を形を変えないで小さくした図
　　のことだから、不思議のタネを考えるために必要だと思い選びました。

S：縮図を描いて、もとに戻すことが出来れば直接測らなくても高さを知る
　　ことができると考えました。

T：では、この問いをすっきりさせたら、校舎の高さが求められそうですね。

☁️.「問いを創る授業」を機能させるポイント

　　知りたいことを知るための「問い」は何かを考えて「問い」を絞ってい
く必要があります。なぜ、その「問い」を選択したのか、理由を考えさせ
ることで、数学的な見方・考え方を促すことができます。

5．問いを使う（20分）

T：どうやって縮図を描くと、校舎の高さを直接測らなくても知ることがで
　　きるでしょう。どんな縮図を描けば良いか、設計図を考えてみましょう。

S：高さを知りたいのだから、高さを縮めた直線が必要なのかな。
　　（自力の時間を確保する。Tは、支援を要する児童のところへ行く）

S：電子黒板の校舎の写真をヒントに考えると、長方形か三角形になるかな。

S：でも、長方形だと高さをどこまでにしたらいいかわからなくなるよ。

S：縮図、縮尺を習ったときも直角三角形だったから、直角三角形だと思う。

S：でも、角度はどうするの。角Bはどうやって測るの。

T：これならありますが、使い方は自分たちで考えてみてください。

S：それなら、三角形の縮図を描けばできます。

T：イメージが湧いてきましたね。辺BC（実寸）は何
　　mにしますか。

S：何mでもいいと思うけど、5m以上は離れた方が
　　いいと思います。理由は、近すぎると、角度が測
　　りづらいし、頂上が見えづらいからです。

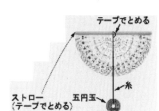

T：なるほど。では、班で交流しながら、縮図の設
　　計図を作成してみましょう。
　　（班で、設計図を作成していく。）

T：考えた設計図を発表しましょう。

S：一辺とその両端の角の大きさを利用して作図
　　をしました。そして、縮尺を利用すれば実際に測らなくても校舎の高さが
　　求められそうです。

☁。「問いを創る授業」を機能させるポイント

どうするかを考えはじめることで、試行錯誤しながら設計図を考えます。
子どもが自ら考える時間を大切にします。そして、みんなの考えを交流する
ことで、さらに考えを深めることができます。子どもだけの力では、限界も
あるので、解決するための情報を授業者が示していく必要もあります。

6．まとめ（ふりかえり）（5分）

T：次回、実際にみんなが考えた設計図で校舎の高さを調べてみましょう。

※「縮尺をどのように決めていくか」、「最後に身長分を足すこと」などは、
　　実際にやっていく中で明らかにしていきます。

🔍 編者の視点 🔍

これまで、長さを測るのは実測しか経験がない子どもたちにとって、測
らずして高さがわかるとは、まさに『予想と現実の不整合』を最大限利用
した不思議のタネでした。教えることと、あえて教えないで自ら考えるこ
とを、明確に区別している点、子どもたちの考える力を信じて待つ姿勢は、
実に素晴らしい。丁寧な仕込みにより、数学的な見方・考え方へと誘いな
がら体験を通して学べる授業でした。

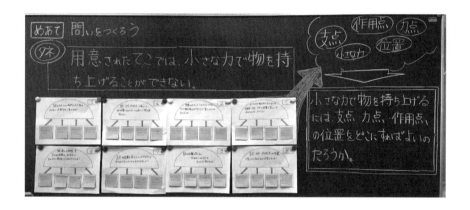

6年理科「問いを創る授業」実践例

不思議のタネ
「用意されたてこでは、小さな力で
物を持ち上げることができない」

単元名「てこのはたらき」（1時間目／8時間扱い）
教科書名『未来をひらく　小学理科6』（教育出版）
単元目標➡「生活に見られるてこについて興味・関心をもって追究する。活動を通して、てこの規則性について推論する能力を育てるとともに、それらについての理解を図り、てこの規則性についての見方や考え方をもつことができるようにする。

🎲🎲 なぜ、この不思議のタネにしたのか？

　不思議のタネを子どもに自分事として捉えさせることが、問いを創り、それを主体的に追究していく態度を涵養することにつながるものと考えます。そのためには、「あれ？　おかしいな」「なぜだろう？」と感じさせるような機会を与えることが必要です。不思議のタネを提示する前にそのような「ズレ」を感じさせる、「体験の場」を設定することで、子ども1人1人に確実に問いをもたせ、興味・関心をもって追究したり、てこの規則性を理解させたりすることにつなげたいと考えました。

96

📖 授業の流れ
1．導入（5分）

T：（ピラミッドの石の画像を提示して）機械の無い時代にどのようにして重たい石を持ち上げ、運んでいたと思いますか？

S：動物の力を使っていたのかな。想像もつかないな。

T：（てこを使って石を持ち上げる画像を提示して）このように「てこ」という道具を使って昔の人は重たいものを持ち上げていました。
（てこを図で示し、支点・力点・作用点の言葉をおさえる）

S：「てこ」って便利な道具だね。重たいものでも楽に上げることができるんだね。

💭。「問いを創る授業」を機能させるポイント

大型モニターにピラミッドの石や石を持ち上げている画像を提示し、「てこは小さな力で大きな力を生み出すことができる道具」であることをおさえました。ここで「てこの有用性」を理解させておくことで、この後に体感したときのズレを確実に感じさせることにつながります。また、てこには支点、力点、作用点があることを導入時に理解させておくことで、学習を進めていくうえでこれらの視点をもって思考させることが可能となります。

2．不思議のタネの提示（12分）

T：では、実際にてこを使って重たいものを持ち上げてもらいます。

S：あれ？　おかしいな。軽く持ち上がらないよ。どうして？

T：これが今日の不思議のタネです。
「用意されたてこでは、小さな力で物を持ち上げることができない。」

💭. 「問いを創る授業」を機能させるポイント

　ここで子ども 1 人 1 人に有用性が感じにくいように設定した大型てこ（支点と力点の位置を近くに固定したもの）を体感させました。導入時に子どもがもった「てこを使うと物を楽に持ち上げることができる。」といった概念と、実際に体感して感じた「あれ？　重い」という感覚のズレを子ども 1 人 1 人に感じさせることが確実に問いを創ることにつながるものと考えます。

3．問いを創る（2分）

T：疑問に思ったことを赤色の付箋に書きましょう。

S：なぜ軽く持ち上げることができないのかな。小さな力で持ち上げる方法はないのかな。支点、力点、作用点の位置が関係してるのかな。

💭. 「問いを創る授業」を機能させるポイント

　時間内になるべく多くの問いを、赤色の付箋（1 枚の付箋に 1 つの問い）に書かせるようにしました。

4．問いを絞る（15分）

T：自分が創った問いの中で、似たような問いを組み合わせたり、書き換えたりして実験で調べてみたい問いを青色の付箋に書きましょう。

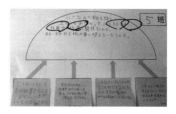

T：青色の付箋をクラゲツールに貼り、グループで問いをまとめましょう。

💭. 「問いを創る授業」を機能させるポイント

　まず、個人で書いた複数の赤い付箋を精選し、青い 1 枚の付箋に書かせます。（赤い付箋はノートに貼らせます。）グループで問いを絞る場面ではクラゲツールに貼った付箋をもとに話し合い、問いをまとめていきますがその際にそれぞれの問い（個人）を否定したり、優劣を付けたりしないよう話し合いのルールを提示することも必要です。

５．問いを使う（10分）

T：各グループがまとめた問いをみて、共通することなどを考えてみましょう。

S：「支点」「力点」「作用点」「位置」「小さな力」などの言葉を多くのグループが使っています。

T：それらの言葉を使って、これから調べていくこと、学ぶことを問いとしてまとめましょう。

S：「小さな力で物を持ち上げるには、支点、力点、作用点の位置をどこにすればよいのだろうか。」

☁ 「問いを創る授業」を機能させるポイント

　グループで絞った問いからキーワードを抽出し、学級で問いをまとめます。しかし、ここでまとめた問いだけで授業を進めていくのではなく、これから何を学んでいくのかといった学習の柱を明確するための活動であり、それに沿わない問いを否定するものではないことをおさえておく必要があります。

６．まとめ（ふりかえり）（1分）

T：次の時間は、みんなでまとめた問いを中心に、学習を進めていきましょう。

🔍 編者の視点 🔍

　認識と現実のギャップを不思議のタネにうまく使っています。ギャップをより強く感じさせるための工夫があります。ただ自分の認識と異なることを知るのではなく、いくら頑張っても持ち上がらない「てこ」の体験をすることで、実感をもって自分の認識との差を体得しています。また、収束の方法として、「クラゲツール」を用いています。高学年ならではの収束方法です。自分の問いが書かれた赤い付箋を、他の問いと似たような問いに整理統合して青い付箋へ書き換えさせるなど、自他の思考の整理・分類の方法を学んでいます。そして、グループの話し合いには使わなかった自分の問いが書かれた赤い付箋はノートに貼り、子どもが自我関与した問いを大切にしています。

単元指導計画（8時間扱い）

時	ねらい	○主な学習活動　・留意点	◆評価
①本時	「てこ」を体感したことをもとに、問いを創る。	○「てこ」という道具について知る。 ○児童1人1人がてこを体感する。 ・ここで使用するてこは有用性を感じさせないように制限されたものとする。 ○不思議のタネを知る。 ○疑問に思うことや調べてみたいことを付箋に書き、クラゲツールを使い、問いを創る。	◆棒を使い、小さな力で重い物を持ち上げられることに興味・関心をもち、問いを見いだそうとしている。 【関心・意欲・態度】
②③	問いをもとに予想を立て、てこの3つの点（支点・力点・作用点）と手ごたえの関係について調べる。	○物を小さな力で持ち上げるには、支点から力点までの長さ、支点から作用点までの長さをどのようにすればよいかを調べるための方法を考える。 ○力点や作用点の位置を変えたときの手ごたえを調べる。	◆てこのはたらきの規則性を調べ、実験の結果と予想を照らし合わせて推論し、自分の考えを表現している。 【技能】【思考・表現】
④⑤	てこがつりあうときのきまりについて実験用てこを用いて調べる。	○実験用てこについて知る。 ○実験用てこを使って、腕の傾きを調べる。 ○腕が水平になってつり合うときのきまりを考える。	◆支点から等距離に物をつるして棒が水平になったとき、物の重さが等しいことを理解している。 【知識・理解】

100

| ⑥
⑦
⑧ | 　てこのはたらきを利用した道具について調べ、てこのつりあいを利用したものづくりをする。 | ○てこのはたらきを利用した道具の支点、力点、作用点を調べる。
○てこのはたらきを利用した道具を第１種てこ、第２種てこ、第３種てこの３つに分類する。
○つり合いを利用した道具やおもちゃをつくる。 | ◆身の回りには、てこのはたらきを利用した道具があることを理解している。【知識・理解】
◆てこのつり合いの規則性を利用して、おもちゃ作りをしている。【技能】 |

101

不思議のタネ
「苦しみの先にこそ成功がある」

単元名「論語の学習～自分の生き方について考えよう～」内容項目 A−（5）
（7時間目／7時間扱い）
オリジナル教材
単元目標➡「生活の中の様々な場面を想起し、自分自身や友達の頑張りを認める心情を育てるとともに、今後の生き方について考える。」

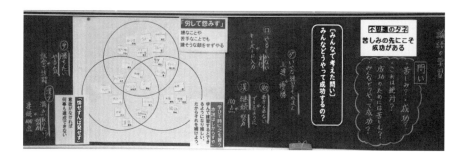

なぜ、この不思議のタネにしたのか？

　本学級では、年間を通して論語の学習に取り組んできました。論語を学習する意義は、理想とする自分観、人間観、世界観を育むことにあります。また、小学生が論語を学ぶには、論語を身近に感じられることが大切です。そこで、普段の生活に目を向け、論語と自分を照らし合わせ、自分を見つめ直す機会をつくってきました。本授業では、内容項目 A−（5）「希望と勇気、努力と強い意志」を取り上げました。嫌なことや苦手なことから逃げるのではなく、チャレンジすることやくじけず努力することで成功に近づくことに気付いてほしかったからです。経験を伴った学びから、今後の行動、生き方を考えるきっかけになればと思い、この不思議のタネにしました。

📖 授業の流れ

1．導入（5分）

T：5年生になって、これまでたくさんの論語を学んできました。いくつ覚えたかな？（S：思い出しながら指を折り数える）

T：実は……こんなに覚えました！（教室に掲示してある論語カードを指さす）

💭 「問いを創る授業」を機能させるポイント

これまで学習してきた論語の中から3つ選び、その意味することと自分の感情や思考、行動と照らし合わせることで、次に提示する不思議のタネにつなげる工夫をしました。

2．不思議のタネの提示（3分）

T：いまから言う論語の続きを皆さんで言ってみてください。では、いきますよ！　労して（S：怨みず）、学びて時に（S：之を習う 亦た説ばしからずや）、悱せずんば（S：発せず）。

T：お待たせしました！　今日の不思議のタネは『苦しみの先にこそ成功がある』です。

💭 「問いを創る授業」を機能させるポイント

言語プロンプト（最初のフレーズから次のフレーズを思い出しやすくする）により、弾みをつけ、子どもたちが自由な発想をもち、意見を発表し、話し合いができるようにするための雰囲気づくりをしました。また、『苦しみの先にこそ成功がある』という言葉を見せたときに、あえて意味を伝えないようにします。そうすることで、子どもたちは意味を考えたり、自分の生活場面に置き換えたりと思考の幅が広がると思います。

3．問いを創る（6分）

T：この不思議のタネを見て疑問に思ったことを、いつものように付箋に書いて、問い創りノートに貼りましょう。

S：苦しみって何？　成功って何でもいいのかな？　成功のためには苦しまないといけないの？　これって絶対？　みんなはどうやって成功にたどり着いているの？

　　まずは、自分の頭に浮かんできた問いを付箋に書きながら、その問いと向き合う時間をつくりました。次に、班になって自分の書いた問いを伝え合います。このように、ペアやグループでも話し合わせることで、より多くの問いが生まれます。問いがたくさん生まれれば、視点の異なる新たな問いが生まれやすくなります。

４．問いを絞る（6分）

T：ここからが、みんなの力が試されるところです。これがわかれば、みんなから出された問いがすべて解け、スッキリするなぁ～と思う「問い」を１つ考えてみましょう。

S："成功"のために必要な苦しみって何か知りたい。

S：苦しみってきっと、人それぞれだと思うから、みんなどうやって成功するのかがわかれば、どんな苦労が必要なのかもわかるんじゃない？

　　子どもたちの声を尊重しつつ、授業の構成を練ります。複数の意見をまとめて新たな１つの問いを考えることで、応用範囲の広い問いになります。また、板書もあえて「みんなで考えた問い」とすることで、次の活動への動機づけになると考えられます。

５．問いを使う（20分）

T：成功とはできるようになったこと。苦しみとは苦手なことや面倒なこと、という意味です。いままでできなかったことが、できるようになったという、自分の経験を思い返し、このマグネットカードに書き込みます。そして、この３つの論語の中で、どの論語が自分の経験にピッタリ当てはまるか考えましょう。(みんなで諳んじた３つの論語をベン図で示す。)

S：２つの論語に当てはまるときはどうしたら良いですか？

T：そのときは、ベン図の重なっているところに、自分の成功を書いたカー

ドを貼ってください。

T：友達の意見を見て、気付いたことや質問はありませんか？

S：「ダンス」をあそこに貼ったのはなんで？　なんで同じ勉強でも、貼っ
　　ている場所が違うの？　同じ所に貼っている人は考え方が同じなの？

T：なぜそこにカードを貼ったのか理由を教えてください。

S：(ダンス)いやな練習も我慢して取り組んだので、そのお陰で上達して優
　　勝できたから。(勉強)きらいだったけど毎日諦めずに頑張ればできるよ
　　うになった。(漢字)面倒だけど途中でやめなかったから100点が取れた。

T：3つの中で、いまの自分の経験や考え方に合わなかった論語はありますか？

S：苦手なことをするときは嫌な顔をしていた気がする。

S：できれば楽しくなるかもしれないけど、途中でやめてしまっていた。

T：今後その部分も意識すると、さらに成長があるかもしれませんね。

☁ 「問いを創る授業」を機能させるポイント

　ベン図を使うことで、みんなの意見が視覚化でき、自然と新たな問いが生
まれました。また、出来ていることばかりでなく、できていない部分にも目を
向けることで、自分の考え方やこれまでの行動を見直すことができました。

6．まとめ（ふりかえり）（5分）

T：最後に、授業の振り返りをしましょう。自分はどのように苦しみを乗り
　　越えてきたのか。これからどんなことが大切だと思うか、ふりかえりま
　　しょう。

🔍 編者の視点 🔍

　個々に創った問いを、新たに「みんなで考えた問い」の中に包み込む手
法は、高学年ならではの進め方です。また、視覚化されたベン図の中に、
自分の経験と論語を結びつけてマグネットカードを貼ることで、全体の中
の自分、同じ経験なのに異なる場所に貼っている自分をメタ認知すること
ができます。結果、新たな問いが生まれ、その問いをもとに、自分自身や
友達の頑張りを認める心情が育ち、内容項目にある「より高い目標を立て
希望と勇気をもち、困難があってもくじけずに努力して物事をやり抜くこ
と」を諳んじた論語と共に生きる力となることでしょう。

単元指導計画（７時間扱い）

時	ねらい	○主な学習活動　・留意点	◆評価
①②	「論語」に興味をもたせ、これからの学習に意欲をもたせる。	○「論語」とは何かについて知り、これからの学習の見通しをもつ。 ・「論語」に抵抗感をもたないように漫画や動画を活用する。 ○「論語カルタ」に取り組む。	◆「論語」について興味関心をもち、意欲的に学習に取り組もうとしている。
③④	「論語」の言葉の意味について理解を深める。	○本や論語リストからお気に入りの論語を探す。 ・自分の生活に生かせるように、意味を重視させる。 ○お気に入りカードを作成する。	◆自分の生活に生かせそうな言葉を吟味し、お気に入りカードを作成している。
⑤	「論語」の言葉と自分たちの生活を関連させる。	○ドッジボール部の練習風景を見て、どんな論語の言葉と関連があるのか考える。	◆言葉と自分の生活を関連させた考えがもてている。
⑥	「論語」の言葉と自分たちの生活を関連させる。	○「悱せずんば発せず」の言葉と自分たちの生活に関連する事柄を考える。	◆言葉と自分の生活を関連させた考えがもてている。
⑦本時	くじけず努力して物事をやり抜けば成功に近付くことに気付く。	○自分の経験の中で、できるようになったことは、どのような過程で達成されてきたのかを考える。	◆生活場面を想起し、成功への心構えや取り組み方について考えている。

内容項目　A－（5）「希望と勇気、努力と強い意志」
評価規準　生活場面を想起し、成功への心構えや取り組み方について考えている。
〇本時の展開

	学習活動	主な発問と予想される児童の反応	指導上の留意点
導入	1　問いを創る授業のルールを確認する。	〇問いを創る授業のルールを確認しましょう。	・誰もが意見を述べやすい雰囲気をつくる。
展開	2　不思議のタネを提示し、問いを創る。 3　問いを絞る。	〇「苦しみの先にこそ成功がある」という言葉を見て疑問に思ったことを発表してください。 「みんなから出された問いから、これを知りたい、これがわかればスッキリする「問い」を1つに絞るとすると何がいい？」	・言葉の意味を詳しく教えないことで、子どもたちが問いをもちやすいようにする。
		みんなどうやって成功するの？	
	4　苦しみと成功の意味を確認し、自分の経験をふりかえる。	〇自分の経験に合う論語はどれですか。また、なぜそう考えましたか。 「労して怨みず」 ・嫌なことに真剣に取り組んでいる。 「俳せずんば発せず」 ・試合に勝つために頑張った。 「学びて時に之を習う亦説ばしからずや」 苦手だったものが一生懸命やって得意になった。	・各論語の意味を確認する。 ・できるようになったことのヒントになるように教室に写真を提示しておく。 ・意見がわかれても、多様な考えがあることを伝える。 ★生活場面を想起し、成功への心構えや取り組み方について考えている。
	5　友達と考えを共有する。	〇友達の意見を見て、気付いたことや聞いてみたいことはありませんか。	・否定的な意見をするのではないことを伝える。
	6　自分の経験や考え方に当てはまらなかったものについて考える。	〇3つの言葉の中で、いまの自分の経験や考え方に合わなかった論語はありますか。	
終末	7　ふりかえりをする。	〇学習のふりかえりをしましょう。どのように苦しみを乗り越えてきたのか。これから大切だと思うことは何か。	・ふりかえりの視点を与える。

特別支援学級4年生活単元学習
「問いを創る授業」実践例
不思議のタネ
「怪我をした先生の写真」

単元名「けがの防止」（1時間目／1時間扱い）

単元目標➡ 身近な生活における怪我の原因に関心をもち、事故防止に対する自分なりの考えもって行動することができる。

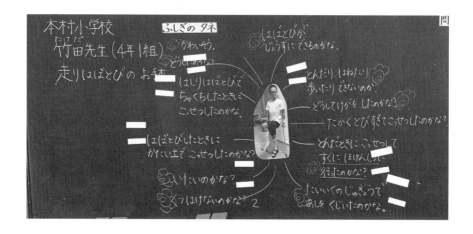

🤔🤔 なぜ、この不思議のタネにしたのか？

　体を動かすことが大好きな子どもたち。休み時間や体育の授業では、いつも元気に体を動かしています。安全に体を動かしたり、遊んだりするためには守らなければいけないルールがあります。しかし、子どもたちの様子を見ていると、楽しさのあまりルールが守れなかったり、先生に言われないとできなかったりする現状がありました。安全に活動するために、自分で考えて行動する力を身に付けさせるためにはどうしたらいいか考えていたときに、本校の教員が体育の授業で怪我をしてしまいました。私は"自分の身近な人が怪我をしてしまった"ことを不思議のタネとして提示すれば、子どもたちの学びにつなげられるのではないかと考えました。

📖 授業の流れ
1．導入（5分）
T：本村小学校にはたくさんの先生がいて、それぞれ得意なことがあります。
4年生のA先生は、スポーツが得意で体育の授業で走り幅跳びの見本を
みんなに見せていました。

💭 「問い創る授業」を機能させるポイント

子どもたちにとってなるべく身近な話題であることが問いを創る活動を
する上でとても大切なことだと思います。また、特別支援学級の子どもた
ちにとって状況がイメージしやすいように走り幅跳びの動画も見せました。

2．不思議のタネを提示する（5分）

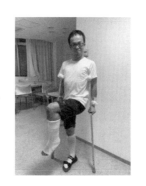

T：その日の夜、A先生からこんな写真がスマート
フォンに送られてきました。今日の不思議のタ
ネは、この写真です。この不思議のタネを見て、
不思議だなと思ったことをグループで話し合っ
てください。話し合いをする前に「話し合いの
ルール」についての確認をします。

💭 「問いを創る授業」を機能させるポイント

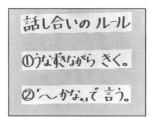

子どもたちがより身近な話題に感じられる
ようにメールが届いたときの様子を演じまし
た。また、できるだけたくさん問いを創るこ
とができるように話し合いのルールをつくり、
互いの意見を認め合う雰囲気づくりをするこ
とも大切です。（共感的人間関係の構築）

3．問いを創る（10分）

話し合う順番を決めてグループでの話し合いをはじめます。本時では、子
どもたちの発達段階に応じて指導者・介助者が話し合いの中で出た意見の記
録を取りました。

S：どうして怪我をしたのかな？

T：なるほど。

S：いたいのかな？

T：うん、うん。（頷く）

S：硬い地面に着地して骨折したのかな？

T：なるほど。そのように思ったのですね。

☁. 「問いを創る授業」を機能させるポイント

　記録をとる指導者・介助者が子どもたちから出た意見を「なるほど」「その意見素敵だね」と認めることで意見を出しやすい雰囲気づくりを心がけました。

4．問いを絞る（10分）

T：みんなは、体育のときにこんな怪我をしたらどうですか？

S：いやです。

T：そうですね。こんな怪我をしたら痛いし、靴も履けないし、走ったり、遊んだりもできなくなってしまいますね。

　　（子どもたちの意見をなるべく取り入れるようにします。）

S：怪我をせずに楽しく体育がしたいな。

T：そうですね。いま、Bさんが言ってくれたように、体育で怪我をしないで楽しくするためにはどうしたらいいかについて最後にみんなで考えてみましょう。

☁. 「問いを創る授業」を機能させるポイント

　問いを絞る前に、子どもたちから出た意見の中で最終的な問いにつながるものとつながらないものとに区別する必要があります。つながらないものについては、「みんなが創った問いの中でA先生から怪我をしたときの話を聞いて知っているものもあります」と言い、こちら側で答えを伝えます。その際、その意見には「解決できた」という花丸をつけることでどの意見も必ず取り上げるようにします。

５．問いを使う（10分）

S：服装に気をつけたらいいのかな？

S：準備体操をきちんとしたらいいの
　　かな？

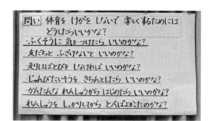

☁。「問いを創る授業」を機能させるポイント

　学習したことはなるべく教室に掲示しておきます。そうすることで、子どもたちは授業での学びを自分自身でもふりかえることができます。

６．まとめ（5分）

T：みんなが考えたことをすれば、怪我をしないで楽しく体育ができるか、これからの体育の学習で確かめてみましょうね。

🔍 編者の視点 🔍

　特別支援学級で問いを創る授業を行う場合、様々な工夫が必要になります。それぞれ発達の課題が異なるため、問いを創るといっても、同じようにすることは難しいかもしれません。本授業では、まず、自分たちのよく知る先生の怪我を題材にして子どもたちの関心を引いています。また、事前に動画を見せたり、不思議のタネを写真にしたりするなど、子どもが問いをイメージしやすいように工夫しています。そして、問いを創ることを第1に考え、授業者が介助者と連携し子どもたちがつぶやいたことを問いとしてうまく取り上げています。さらに、自分たちが創った問いを常に意識できるように、自分たちの創った問いで授業が進んでいることを実感できるように、創った問いを教室にずっと掲示してあります。これも子どもを授業に自我関与させる工夫の１つと考えます。

不思議のタネ
「好きに使っていいですよ！」

単元名「自立活動：自分たちの畑を作ろう」（１時間目／８時間扱い）

単元目標➡「荒れた状態の土地から畑をつくって作物を育てる活動を通して、人との関わり方や心理的安定、粗大運動能力の向上を図る。」

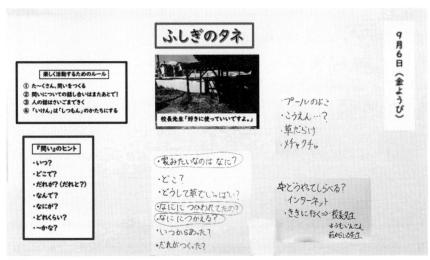

なぜ、この不思議のタネにしたのか？

　学校を休みがちな子どもが、毎日ワクワクしながら学校へ通って来られるようになる取り組みはないかと考え、自立活動の授業としてこの不思議のタネを設定しました。荒れた状態の土地をどうしていくか、子どもと一緒にゼロから考えていくことで、子どもが主体的に畑づくりに参加できるように工夫しました。荒れた土地の写真と、校長先生からの「好きに使っていいですよ！」のコメントを同時に提示することで、子どもの中では必然的に、「エーっ！やった〜」という、任せられることの喜び、「でも、本当にいいのかな？」「使うって何に使えばいいんだろう？」という、任せられたことへの責任を同時に感じながら、やがて、何に使えばいいのか自分たちで考え、みんなと話し合いながら、自分たちで決めることを体験的に学べると考え、設定しました。

📖 授業の流れ

1．導入（7分）

T：暑い中、みんなでいろんなところをそうじしました。「とてもきれいになったね。ありがとう。」と色々な先生たちから声をかけてもらいました。実は、あと１ヵ所だけ気になっている場所があります。

S：どこ？　ビオトープかな？

💭 「問いを創る授業」を機能させるポイント

　自閉症・情緒学級では、ルールを守ることが困難な子どももいます。そのため、ルールは「楽しく活動するための」と理由を付け加えて提示しました。また、自分たちが行っているそうじ活動が人から感謝されたことで、承認感が高まり、もっときれいにしたい気持ちがわいてきたところで、不思議のタネへとつなげていきました。

2．不思議のタネの提示（3分）

T：今日の不思議のタネはこれです。
（不思議のタネを貼り出す）
校長先生からのコメントも入っていますね。みんなで読みましょう。

S：校長先生「好きに使っていいですよ！」

校長先生「好きに使っていいですよ！」

💭 「問いを創る授業」を機能させるポイント

　文字情報より写真の方が、子どもたちにとっては受け止めやすいと考え、写真を不思議のタネとして提示しました。さらに、校長先生からのメッセージ「好きに使っていいですよ！」を入れることで、「自分だったら……」と自然と問いが浮かぶように工夫しました。

3．問いを創る（10分）

T：どんな問いが浮かんできましたか？　問いが思いついたら、そのまま付

箋に書いてみましょう。

S： この家みたいなのはなに？　公園で草が屋根になっているやつかな？
どうして草だらけなの？　何に使ってたのかな？　何に使えるの？
本当に好きに使っていいの？

☁ 「問いを創る授業」を機能させるポイント

　問いを考えることが苦手な子どものために「『問い』のヒント」を掲示し
問いづくりの足掛かりにしました。それでも、書けない子どもには、写真
を見た感想を聞き、疑問形となるように子どもに問い返しました。（例えば
「家がある」という感想に対して、「なんで家があるんだろう」など。）回
数を重ねることで、だんだん5W1Hを応用した問いが出やすくなりました。

4．問いを絞る（10分）

T： たくさん問いが出ましたね。出た問いの中から、みんなで特に気になる
ものを選びましょう。

S： この家みたいなのが何に使われていたか気になります。

S： 前に何に使われていた場所かわかったら、（この場所の使い方の）ヒン
トになると思います。

S： ここで何ができるかみんなで考えたいです。

T： それでは、みんなが選んでくれたこの3つに問いを絞って考えていきま
しょう。

☁ 「問いを創る授業」を機能させるポイント

　実際の授業場面では、出された問いについて、お互いにわかっているこ
とを伝え合う場面がありました。問いを絞る場面では、たくさん出ている
問いの中で何から考えていくべきか、少し時間を取って、気になる問いの
優先順位（ランキング）をつけるように子どもたちに伝えると、以上の3
点に子ども同士で話をまとめることができました。

5．問いを使う（8分）

T： この家みたいなものが何なのか、先生もわかりません。困りましたね。

みなさんは、これからこの問いについて、どうやって調べていきますか。

S：インターネットで調べよう。校長先生が好きに使っていいって言ったか
　　ら、校長先生に聞いてみよう。聞いてみるのが早いかもしれない。

T：では、今度の自立の時間に、また家みたいなものの使い方を校長先生に
　　聞いてみましょうか。

S：何に使われていた場所かも、一緒に聞いてみたらどうかな。

T：では、そのことも一緒に校長先生に聞いてみましょう。

S：みんなでこれから考えていくの、とっても楽しみ。

「問いを創る授業」を機能させるポイント

　できた問いについてどう調べるかも、子どもに任せることにしました。
「ここで何ができるか」を考えるための情報を集めることも大切な活動の
１つです。その際、わからなかったら誰かに聞くといった、援助要請がで
きることもときには必要です。そこで得られた情報をヒントに、できる限
り自分達で悩み、自分達で解決をするというサイクルで自立活動を進めて
いくことが大切だと感じました。

６．まとめ（ふりかえり）（7分）

T：それでは、今日みんなで決めたことをふりかえります。（略）今日の授
　　業の感想をみんなで話し合いましょう。

S：楽しかった。校長先生が、自分たちに好きに使っていいですよ、って言っ
　　てくれてうれしかった。早く校長先生に聞きに行って、何ができるかみ
　　んなで考えたい。

編者の視点

　これまでの掃除活動の中で、気にも留めていなかったこの場所の写真を
示すことで、「あっ！ ここ知ってる。」となります。「知っているけど、何
のための場所かはわからない。」まさに、好奇心MAXになる情報の空白を
活用した不思議のタネでした。また、校長先生の言葉により、自分たちだ
けに与えられた権限と責任を同時に感じながら、役割を遂行する仕掛けは
お見事です。

単元指導計画（8時間扱い）

時	ねらい	○主な学習活動 ・留意点	◆評価
①本時	肥料置き場だった場所の使い方について、主体的に考える。	○肥料置き場だった場所を自由に使わせてくれることを知り、問いを創る。	◆肥料置き場だった場所の使い方について主体的に考えることができている。【3 人間関係の形成(4)集団への参加の基礎に関すること】
②	担任以外の教職員と関わり、自由に使える場所についての情報を集める。	○校長先生や用務員さんに、インタビューしに行く。自由に使っていい場所が、肥料置き場だったことを知り、畑にすることを決定する。	◆すすんで関わり、質問しに行けている。【6 コミュニケーション(5)状況に応じたコミュニケーションに関すること】◆話し合いに参加している。【3 人間関係の形成(1)他者とのかかわりの基礎に関すること】
③④	自分たちの畑として使っていくために、環境を整え、よりよくなるよう工夫する。	○畑として使えるように、草引きや土壌づくりを行う。○きれいにするために、看板や柵づくりを行う。	◆畑を使えるようにするために環境整備に積極的に関わっている。【5 身体の動き(5)作業に必要な動作と円滑な遂行に関すること】
⑤	畑で何を育てるか考える。種撒きするために大切な時期について調べる方法を考える。	○育てたい作物を決定する。○育て方、時期等の調べ方を考える。	◆自分の育てたい作物を決定できる。【3 人間関係の形成(2)他者の意図や感情の理解に関すること】

			◆自分なりの調べ方を提案できる。【6 コミュニケーション(1)コミュニケーションの基礎的能力に関すること】
⑥	育てたい作物の種を撒くのに最適な時期がいつか調べ、最初に撒く種を決定する。	○作物の育て方や種を植える時期を、インターネットやインタビュー、本等で調べ、最初に何を植えるか決定する。	◆育て方を調べることができている。【6 コミュニケーション(5)状況に応じたコミュニケーションに関すること】◆自分から進んで質問に行けている。【6 コミュニケーション(5)状況に応じたコミュニケーションに関すること】
⑦	種撒きをして、責任をもって世話ができるように水やり当番を決定する。	○種を撒いて、水やり当番を決める。	◆水やり当番の日を自分で決められる。【3 人間関係の形成(4)集団への参加の基礎に関すること】
⑧	学級全員が納得するように、種まきの計画を立てる。	○いつ種を撒けばよいか、予定を考えて計画し、カレンダーに記入していく。	◆自分の育てたい作物の種撒きをいつ行うか決めることができる。【3 人間関係の形成(3)自己の理解と行動の調整に関すること】

※特別支援学校学習指導要領に記載されている自立活動の6区分27項目から作成。

「問いを創る授業」実践例

不思議のタネ
「キープディスタンスゲーム」

単元名「おしゃべりカードゲーム」（4時間目／8時間扱い）

単元目標➡「コロナウイルス感染症後の新しい生活様式では、どのような遊び方をすればいいのか考え、新しい遊び方を創造することができる。」

おしゃべりカードゲーム

1. カードをえらぶ
2. 今日のお題

あ そ ぶ

3. ゲーム（おしゃべり）スタート

※3ポイントゲットをめざそう

たのしいことしかない
忍者ごっこキープディスタンス
レゴバトル（けんちく）
ポケモン
無言ゲーム

不思議のタネ

キープディスタンスゲーム

・問い
　・しゃべらずに無言でやるの？
　・どこでやるの？
　・だれがやるの？
　・人と人があまりくっつくゲームは
　　ダメなの？

・ゲームを考える
　・紙ラインゲーム（スタンプもみんなで考える）
　・忍者ゲーム　　　・ジェスチャーゲーム
　・人間マイクラ　　・教室のキャラクター作り

なぜ、この不思議のタネにしたのか？

　教育支援センターでは異年齢の子どもたちが集団で活動しています。その中で、『遊び』というのはとても重要な意味をもっています。ルールを守ることの重要性を身につけ、勝つことの喜びや負けたときの悔しさを味わうことで自然な感情表現を促すこともできます。また鬼ごっこや身体接触を伴うゲームでは、お互いの身体的距離が近づくことで同時に心的距離も縮まっていきます。しかし、新型コロナウイルス感染症の拡大により教育支援センターでも衛生管理が厳しくなり、「新しい生活様式」が求められています。いままで当たり前に行っていた遊びも思うようにできなくなりました。「新しい生活様式」では、どのような遊び方をすればいいのか、大人が禁止事項を提示するのではなく、子どもたちが問いを創ることで、どのようなことに気をつければいいのかを考え、子どもたち自身で新しい遊び方を創造して欲しいと考えました。

📚 授業の流れ

１．導入（10分）

T：「おしゃべりカードゲーム」をするので、「名ゼリフカード」「つなぎこ
とばカード」「感動カード」（手作り版）の中から自分の好きなカードを
３枚引いてください。（子どもたちはおのおのカードを選ぶ）

T：今日の「おしゃべりカードゲーム」のお題は『遊び』です。遊びについ
て持っているカードに書かれている言葉を使っておしゃべりしてくださ
い。１枚使うごとに１ポイントゲットできます。

S：昨日やった忍者ごっこ楽しかった。

S：悪くないだろう

S：フムフム

S：何だかわからんがとにかくよし

□で囲んだ言葉は、手作りカードの言葉。

💭「問いを創る授業」を機能させるポイント

アフターコロナの日常でも、こうしてゲームを楽しむには、「互いの命
を守る」ことが絶対条件となります。また、安心・安全の中で楽しむため
には、ルールが必要です。これからも、楽しくゲームをするにはどうすれ
ばよいか、主体的に考えられるよう、導入では、A君提案のことば遊びの
ゲームにしました。

２．不思議のタネの提示（5分）

T：新型コロナウィルスの影響で、ステイホームの期間中、いろんな『遊び』
が出てきたね。みんなから出てきた遊び方も変わってきたなと感じまし
た。そこで、今日の不思議のタネはこれ「キープディスタンスゲーム」
です。

💭「問いを創る授業」を機能させるポイント

いままで楽しんでいた遊びの中でも、「それは密だよ」などと言って遊
び方が変わったり、遊びそのものができなくなったりしています。そんな

アフターコロナの日常にできる遊びを楽しみながら子どもたちが考えることができるように不思議のタネを設定しました。

3．問いを創る（10分）

T：「キープディスタンスゲーム」について疑問に思うことを話してください。誰からでもいいです。

S：それはしゃべらずに無言でやるの？

S：どんなルールがあればいいの？

S：どこでやるの？

S：人と人があまりくっつくようなゲームはだめなの？

☁。「問いを創る授業」を機能させるポイント

導入の中で出てきた遊びやステイホームの期間中に家でやった遊びを思い浮かべながら、できるだけ多くの問いを出せるようにします。子どもから出された問いはホワイトボードに教師が書くようにしました。異年齢集団なので理解に差があるため、問いの意味がわからないときは、「それってこういうことですか？」と質問してもいいことにしました。

4．問いを絞る（5分）

T：みんなから出された問いで、同じようなものを組み合わせたり、もっと付け加えたりしたいことがあったら話してください。

T：すべての問いが出そろいました。この問いがすべて解けるための新たな問いを1つ創るとしたら何がいい？

S：「キープディスタンスゲーム」に必要なルールってどんなこと？

☁。「問いを創る授業」を機能させるポイント

自分たちが創ったすべての問いが解けるための新たな問いを、次の活動へと突き進むための機動力としました。

5．問いを使う（5分）

T：みんなが出してくれた問いには
　「ソーシャルディスタンス」をキー
　プするヒントがたくさんありますね。
　次の時間はこれを使って、ゲームを
　考えましょう。

📝。「問いを創る授業」を機能させるポイント

　この授業では子どもたちから出された問いがゲームを考えるときのルールとなります。教師から与えられたルールでゲームを考えるのではなく、自分たちが考えた問いを使って考えることで、ルールは自分たちを縛るものと考えるのではなく、楽しみながら考えることができます。

6．まとめ（ふりかえり）（10分）

T：今日の授業で感じたことや気づいたことをどなたからでもどうぞ。

S：みんながコロナのことについて気を付けていることがわかった。

S：新しいゲームの開発の仕方がわかった。今度、みんなにインタビューして「新聞」を発行したらおもしろいな。

S：みんなのやりたいことやどんなことを考えているかがわかった。

🔍 編者の視点 🔍

　子どもたちにとって、「ソーシャルディスタンス」という言葉は、毎日耳にはするけれど、詳しくは知らない言葉です。ゆえに、自然と「？」と問いが浮かんでくるわけです。さらに、子どもたちの創った問いを、みんなで解いていくと、それがそのまま、新しいゲームのルールになるという仕掛けには、本当に驚かされました。これは、新たに何かを開発したり、行事を成功させたりするなどにも活用できる流れであり、今後、問いを創る授業のスゴ技として、バリエーションの1つとなるでしょう。

単元指導計画（8時間扱い）

時	ねらい	○主な学習活動　・留意点	◆評価
①	手作り版「ポケットに名ゼリフ[※1]」カードゲームの遊び方を覚えて、仲間とプレイすることができる。	○「名ゼリフカード」「つなぎことばカード」「感動カード」の中から選んだカードに書かれていることばを、テーマに基づいた会話の中で使うことで得点を得るゲームを行う。 ・低学年の子どもやおしゃべりが苦手な子どもには使いやすいカードを選んだり、支援者と同じチームにするなどして配慮する。	◆遊び方を理解してゲームに参加できているか。 【主体的に学習に取り組む態度】 ◆自分の考えをみんなに話すことができているか。 【思考・判断・表現】
②③	手作り版「ポケットに名ゼリフ」カードゲームに続けて、「掘り起こしタイム」でおしゃべりを進めることができる。	○ゲームが一旦終わった後で「掘り下げタイム」として、もっと聞きたかった話題や話したかった話題について話を掘り下げる。 ・メンバーの状況によってはぬいぐるみなどのトーキングスティックを使用する。 ○ふりかえりタイムで、気づいたことや感じたことを話す。	◆人の話をしっかり聴ける。 【主体的に学習に取り組む態度】 ◆人の話を聴いて自分の思いを深くしたり、アイディアとして取り入れたりすることができる。 【思考・判断・表現】

※1　@ kenzou「ポケットに、名ゼリフを。」を参考に作成。

④ 本 時	「キープディス タンスゲーム」で 問いを創る	○『遊び』というお題で「おしゃべり カードゲーム」をする。	◆人の話を聴いて、 自分なりの思い をもつことがで きる。 【主体的に学習 に取り組む態 度】
		○不思議のタネ「キープディスタンス ゲーム」を提示し問いを創る。	◆疑問に思うこと や調べたいこと をもつことがで きる。 【思考・判断・ 表現】
⑤ ⑥	「キープディス タンスゲーム」を みんなで創る。	○前時で出された問いをヒントに、小 学部みんなで楽しむことのできる 「キープディスタンスゲーム」を考 える。	◆自分なりに遊び を考えたり、友 達のアイディア を生かしたりす ることができ る。 【思考・判断・ 表現】
		○世界の子どもたちの遊びや昔の遊び 方を調べたり、追及したりする方法 を考える。	◆協力して活動で きる。 【主体的に学習 に取り組む態 度】
⑦ ⑧	探究した内容をみ んなで確かめ合い、 活動を振り返る。	○報告会をする。 ・新聞形式、プレゼン形式等 ○取り組んだ感想や学んだことを話し 合う。	◆友達や自分のこ とを肯定的に捉 え直すことがで きる。

教科のねらいと問いが結びつかない

　今回の学習指導要領の改訂においては、「何を学ぶか」という観点からの教育内容の改善・充実とともに「どのように学ぶか」という主体的・対話的で深い学びの視点からの学習過程の改善についての方向性が示されています。学習過程（学び方）についてまで方向性が示されたのは初めてのことです。これからの授業においては、知識や技能を学ぶことに重点を置くのではなく、思考方法や学び方を身に付けることに力を入れていく必要があります。その一方策として「問いを創る授業」が一石を投じることができるのではないかと考えています。

　問いを創る授業を行う際、教師は子どもたちに示す不思議のタネをあらかじめ検討しておく必要があります。もし、教科のねらいと結びつかない問いばかりが出てしまうのであれば、それは教師の示す不思議のタネを見直す必要があるかもしれません。

　不思議のタネとは子どもたちの知的好奇心を刺激するものです。同時に子どもたちに何を考えてもらいたいのか、何に気づいてもらいたいのか、そして何を学んでもらいたいのかを明確にする作業です。つまりどんな不思議のタネを示すかによって、授業の真のねらいに迫るような問いを子どもたちが創ることができるかどうかが決まってくるのです。不思議のタネに何を提示するかを考えることで授業の真のねらいを設定する力が養われてきます。

　不思議のタネを考える手順として、授業を展開する中で、不思議のタネを使って何をしたいのか活用目的をよく考えます。次に子どもたちにどのような問いを抱いて欲しいかをたくさん創り、アイデアノートに書き出します。そしてその問いが生まれる不思議のタネのアイデアを出します。柔軟な発想でたくさんのアイデアを出すことがコツです。最後に書き出した不思議のタネを絞り込みます。子どもたちに提示できる不思議のタネは1つだけですが、これぞというタネを生み出すための大切なひと手間です。

第**4**章

「問いを創る授業」を学校・地域全体に拡げよう!

1 「問いを創る授業」を 学校全体（スクールワイド） で行う良さ

1 在学中に積み重なる思考の訓練

　授業には、様々な側面があります。教科の内容を学ぶ側面、教科の見方考え方を学ぶ側面、教科がもつ方法論を学ぶ側面などがあります。また、教科に関することだけでなく、学び方を学ぶ側面もあります。あるいは、教師の板書やプリントを見て情報の整理の仕方や提示の仕方なども学ぶことができます。学習だけでなく、互いを尊重したり認め合ったり、規律を守ったりなどを学ぶ機会でもあります。

　問いを創る授業では、問いを創ることにより、課題設定能力が身についてきます。問いを創る段階は、ブレーンストーミングです。短い時間の中で、たくさん問いを創ります。これは問いを創るトレーニングです。子どもたちは、最初、どうしたら良いのかわからないかもしれません。しかし、繰り返し問いを創る過程で、様々な工夫をしたり、友達の創った問いを見たりすることで、問いを創る力が付いてきます。グループで問いを整理・分類する過程では、情報を比較して吟味し、カテゴライズする力が身に付きます。問いを選んだり、大きな問いにまとめたりする過程では、選択する力や様々な意味を含んだ文章に書き換える力が身に付きます。

　選択する力は自分の価値観を形成していくことにもつながります。問いを選ぶときには、何を残して、何を捨てるか……つまり、自分（たち）にとって、問う価値のある問題とは何か、という判断を迫られます。問い創りを行うことにより、子どもたちは自分の価値観を形成し、その価値観に基づく判断力も育成されると考えられます。これは生徒指導の3機能である、自己選択感にもつながるものです。

　グループで問いを整理・分類したり、問いを選んだり、大きな問いにまとめたりする過程は、合意形成の方法を学ぶ場面でもあります。当然、その中

では互いに認め合ったり助け合ったりすることを学ぶことができますし、学習規律を確立することもできます。さらに、問いを創る授業を通して、子どもたちに批判的思考（クリティカル・シンキング）を育むことが期待できます。これは、目の前にある事象や情報をそのまま受け入れるのではなく、「それはほんとうに正しいのか？」という疑問を常にもち、じっくりと考えたうえで結論を出す力のことです。

　人が大人になる過程では、前提となる価値観を疑い、価値観を再構築することが必要となります。また、虚構の入り乱れるネット社会において、何が真実かを自分で見きわめ、考え抜く力が必要になります。問いを創る授業によって、価値観を再構築する力、考え抜く力がつくと考えられます。つまり、**問いを創る授業は学びのトレーニング**なのです。問いを創る授業はどの教科・領域でも実施可能です。小学校の6年間、様々な授業で問いを創る授業を続けて行ったとき、子どもたちがどのような姿に成長するか想像してみてください。継続は力なりです。小学校1年生から6年生になり卒業していくとき、子どもたちには素晴らしい力が育っていると思いませんか？

　また、問いを創る授業は1人の先生が実践されても効果はありますが、もし、学校全体（スクールワイド）でこの授業を実施していればより効果があります。小学校は基本的に担任の先生が授業をしますが、学校全体で取り組んでいれば、クラス替えをして他の先生になっても問いを創る授業を通して学びのトレーニングが継続できます。また、専科の先生の授業も同様です。学びのトレーニングだけでなく、授業のルールやグループワークの進め方なども共通の枠組みを使うのですから、子どもたちも慣れていますし、先生もやりやすくなります。**問いを創る授業は、学校全体で行うことでより一層の効果を生む**ことができます。

2 問いを創る授業は、教科・領域を選ばない

①子どもが抱く『問い』には枠がない

　第3章で紹介してきた事例は、すべて教科・領域に関する実践例でした。本来、子どもが抱く『問い』には、教科や領域という枠は存在しません。そ

のため、どんな不思議のタネを蒔くと、授業のねらいへとつながるかを検討してきました。先生にとって、ねらいから遠くなり拡散してしまった子どもの問いは、授業を進める上で扱いにくくなるからです。見方を変えると、それは、こちらの都合です。こちらの都合で、せっかく芽生えた子どもたちの問う力の芽を摘んでしまっては元も子もありません。たとえ拡散した子どもの問いであってもそれをどう扱うかが、教師の腕の見せどころです。拡散した問いの中にこそ、新たな発想や発見が潜んでいるのです。

　そう考えて思い浮かぶのが、『千里馬常有、而伯楽不常有』（千里の馬は常にあれども、伯楽は常にはあらず）。『千里を走る名馬はいつもいるが、その名馬を見抜くことができる伯楽のような人は、滅多に現れない』という故事成語です。目の前にいるすべての子どもの才能を見抜き、育てることができる先生が1人いれば、その先生が一生の間に出会うであろう、何百人、何千人という才能ある人を世に送り出すことができるのです。教育は未来を創る仕事です。教育は共育（共に育つという意味の造語）です。問いを創る授業で子どもたちの問う力を育てながら、私たちもまた子どもたちに育ててもらいながら、伯楽を目指しませんか。

② 「問う力」から「探究する力」へ

　繰り返しになりますが、問いを創る授業は、「問う力」の育成です。答えのない課題に対し、納得解を得るために、「ああかな」「こうかな」と常に問い返し、問い直し、問い続ける力の育成です。さらに、その問いに対し、探究し続ける力の育成です。ここでは、第2章の発散解決型収束法（48頁）で紹介した『探究ワークシート』を活用した展開の意義について説明します。

　探究ワークシートの面白さは、授業の中では解決しなかった問いにあります。子どもたちは、提示された不思議のタネをもとに、個人個人でワークシートに、自分の考えた問いを書いていきます。その後、普段の授業が始まると同時に、ワークシートを一旦机の中にしまいます。授業終了時、ワークシートを取り出し、授業を通して解決した問いにチェックを入れます。たったこれだけのことですが、この活動により、授業を通して何がわかって、何がわからないままかをわけることができます。自分自身、何がわからないか

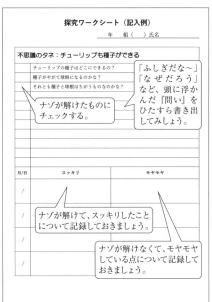

図1　探究ワークシートとその記入例

を知らない人は、何を学べば良いかがわからないため、学ぶ意欲すらなくなってしまうのです。さらに、この問いを創る授業を繰り返し行うと、わかればスッキリ、わからないままだとモヤモヤを体感できるようになります。子どもたちはこのモヤモヤをスッキリさせるべく探究しはじめるのです。

　実は、この授業の中で解決しなかった問いこそ、教科・領域を選ばない、自ら探究したい世界ということになります。これを授業には関係がないからといって、止めさせたり、切り捨てたりするのではなく、これを伸ばすことが、その子にしかない才能を発掘することにつながるのではないでしょうか。なんとなく、伯楽への道が見えてきました。

③ 「問いを創る授業」の準備体操　〜ひらめき体験教室〜

　子どもたちは、たとえ授業でわからなかったところがあったとしても授業が終わると、すぐに友達と遊んだり、廊下に飛び出たりします。もしかしたら、わからないままでもモヤモヤしない子の方が多いからかもしれません。そこで、おすすめなのが13頁でご紹介した『ひらめき体験教室』です。学力

に関係ないナゾをグループの仲間と共に解いていく、知的交流体験です※1)。
問いを創る授業の準備体操として、年度はじめにぜひ、お試しください。

❸ 学び方・探究の仕方が身に付く

　平成29年7月に告示された『小学校学習指導要領解説　総合的な学習の時間編』の中で、「探究的な学習とは、日常生活や社会に生起する複雑な問題について、その本質を探って見極めようとする学習のことであり、問題解決的な活動が発展的に繰り返されていく一連の学習活動のことである。」とされています。物事の本質を探って見極めようとするには、その物事に注目するところからはじまります。つまり、課題の設定です。そのものに興味をもち、もっと知りたい、解決したいという気持ちが起こることです。問いを創る授業では、不思議のタネをきっかけに子どもたちが問いを創ります。そして、創った問いは、その後の授業を通して解決していきます。問いを創る授業では、毎回小さな「探究」を繰り返しているのです。

　私（石黒）は「探究的な学習」で大切なことは、それを解決したい、もっと知りたいという動機だと考えています。この気持ちが起きなければ本当の意味で「探究」は起きないと思っています。最大のモチベーションは、自分が思いついたことです。問いを創る授業では、不思議のタネを使って子どもたちが「問い」を創ることで、学びに自我関与するようにしています。「探究」に最も大切と考えられるモチベーションを起こすために、不思議のタネを使って「問い」を創っているのです。もちろん、「知りたい」という気持ちだけでは「探究」することはできません。そこには「探究」するための方法が必要です。

　問いを創る授業は、「問いを創ること」、「創った問いを整理・分類すること」、「創った問いをもとに大きな問いにまとめること」などを通して、「探究」に必要な一部の方法を学ぶことができます。また、繰り返し行うことで、そのトレーニングもできます。しかし、それだけでは不十分です。これ以外

※1）前掲『ひらめき体験教室へようこそ』

にも「探究」するための方法はたくさんあります。では、それをどこで学ぶのでしょうか？

　それは、問いを創る授業をした後の授業です。問いを創る授業を通して、子どもたちは「知りたい」、「解決したい」気持ちが Max になっていきます。当然、自分たちが創った問いを用いる授業は、いままでのような教師から与えられた授業ではなく、自分たちから求める授業へと変わります。これまでとは違って、自分たちの創った問いを解決するために、真剣に授業を受けるようになるでしょう。そして、「どうしたら解決できるだろう」、「どうしたら自分たちのモヤモヤがすっきりするだろう」と考えます。

　そのための手段を学ぶことができるのが、授業であり、教師の言葉であり、仲間と行う調べ学習などです。「問い」の解決には、授業で扱っている教科の内容が役立つかもしれません。あるいは、その教科の見方・考え方やその教科がもつ方法論が「問い」の解決に役立つかもしれません。さらに、授業をしている教師が、自分の学びの経験を語ることで、教師が身に付けた学びの方法論が「問い」の解決に役立つかもしれません。

　問いを創る授業は、教科領域に関係なく実施することができます。前にお話ししたように、学校全体で問いを創る授業を実践していると、子どもたちには教科や領域の垣根を超えて、学んだものを活用しようとする習慣がついてきます。学びに大切なのは、学ぼうとするモチベーションです。問いを創る授業では、この学びのモチベーションを高める効果があります。学びのモチベーションが高まった子どもたちは、乾いた砂のように様々なものを自ら吸収していきます。この子どもたちのモチベーションをうまく活用することが大切です。

　つまり、ただ問いを創る授業をするだけでなく、問いを創る授業をきっかけとして、どのように子どもたちに学び方や探究の方法を教えていくかということです。この効果を最大限に生かすために、前にお示しした単元指導計画も大切ですが、学校全体で行うカリキュラムマネジメントがとても大切です。**問いを創る授業を軸として、総合的な学習の時間と各教科、領域での学びを結びつけ、全体を通して計画的に子どもたちに学ぶ力、探究する力を育てていくことが大切**です。

4 不思議のタネ創りは蓄積データでブラッシュアップ

　授業のねらいにつながる「問い」が、子どもたちに浮かぶかどうかは、私たちの創る「不思議のタネ」にかかっています。不思議のタネの創り方、効果的な不思議のタネ創りのポイントについては、すでに第2章の(3)で述べましたので、ここでは、蓄積データを活用した不思議のタネのブラッシュアップの仕方について紹介します。

①蓄積データとは

　「蓄積データ」とは、いままで無意識であった自分の指導行動について、いい結果になったか否かを客観的に分析して、評価し、改善していくシステムです[※2]。つまり、「何をしたら（行動）」「どうなったか（結果）」について、効果があったか否か〔◎・○・△〕で記録すればいいわけです。

②ブラッシュアップの実践例

　ここからは、東京都港区立本村小学校の先生方の実践をもとに説明します。まず、3年生、社会、単元名「消防の仕事と人々の協力」での実践を見てみましょう。この授業の最終的な問い（本時のねらい）は、「消防署の人たちは、早く現場にかけつけるためにどのような工夫をしているだろうか。」です。その最終的な問いにたどりつくために、子どもたちの問いとして引き出したい項目を「準備、訓練、協力、日々の努力」とし、不思議のタネを「消防署の人たちはしたくが早く、チームワークもいい。」にしたところ、結果、効果は△でした。この一連の「何をしたら、どうなった」を書き記したものが表1です。このように、何をしたらどうなったかを記録することで、私たちの脳は物事を客観的に分析することができるようになります。

表1　「不思議のタネ」の蓄積データ

	実施日	教科	単元	不思議のタネ	効果	引き出したい問いの項目	最終的な問い	備考
3年	令和1年9月	社会	消防の仕事と人々の協力	消防署の人たちはしたくが早く、チームワークもいい	△	○準備 ○訓練 ○協力 ○日々の努力	消防署の人たちは、早く現場に駆けつけるためにどのような工夫をしているのだろうか。	正直、消防署見学のための種になって反省している。 「火事の時○○分後には現場に着いている。」でもよかった。

※2）鹿嶋真弓『うまい先生に学ぶ実践を変える2つのヒント―学級経営に生かす「シミュレーションシート」と「蓄積データ」』図書文化社、2016年。

　このような脳の働きをメタ認知と言います。メタ認知にはセルフモニタリング機能とセルフコントロール機能があります。

　この先生のすばらしさは、自身の授業をメタ認知し、『△』と評価したところにあります。こうした評価が、この授業のPDCAサイクルを構築し、不思議のタネのブラッシュアップを可能にしていきます。事実、備考欄には、『「火事の時○○分後には現場に着いている。」でもよかった。』と、あらたな不思議のタネが記されています。また、これからこの授業を行う先生が、この蓄積データを見て、さらにブラッシュアップをすることもできます。例えば、現場に着く時間は距離や交通事情によって異なる上、「○○分後」と書いてあるため、○○に入る時間が気になり、「現場に着くのに何分かかるのかな？」といった、引き出したい項目ではない問いへと、子どもたちをミスリードしてしまう可能性があることに気付きます。子どもたちの問いとして引き出したい項目が「準備、訓練、協力、日々の努力」であり、最初の不思議のタネにある「したくが早く」と、備考欄に書かれた不思議のタネにある「○○分後」をヒントに考えると、あらたな不思議のタネとして、「全隊員がしたくをして消防車に乗り出動するまでの時間は1分以内である。」が浮かんできます。子どもたちにとって「したくをして消防車に乗り出動するまでの時間は1分以内」は、まさに、不思議のタネの創り方（37～39頁）にある、自分の常識や予想と不思議のタネとの不整合・ズレ・違和感にほかありません。

③蓄積データは学校の財産

　②で紹介した「不思議のタネ」の蓄積データは、ほんの一部です。本村小学校では、問い創り授業をスタートして以来、実践されたすべての蓄積データが、不思議のタネ集として、Excelファイルに保存され、いまなお、更新されています（付録156～157頁参照）。また、この蓄積データ付き「不思議のタネ」集は、全職員がいつでも閲覧できるので、教材研究の合間に眺めるだけでも、多くのヒントを得ることができます。授業がうまくいく、いかないに関わらず、ありのままの蓄積データこそ、学校の財産になるのです。

2 「問いを創る授業」を地域全体（コミュニティーワイド）で行う良さ

1 幼保小中と地域で連鎖する学びの力

　問いを創る授業と少し話がそれますが、私（石黒）が研究していることの1つにスクールワイド PBS（PBIS）があります。これは、米国ではじまった生徒指導の方法です。簡単に説明すると子どもたちの良いところ、できているところに注目して、それを増やすというものです。そして、それを学校全体で実施するという方法です。スクールワイド PBS は、その名の通り学校全体で実施することを特徴にしていますが、近年ではスクールワイドではなく、コミュニティーワイドで実施する方がより効果的と考えられています。地域の大人が全体で、同じ考え方で子どもたちに接するのです。

　問いを創る授業も実はこれと同じように考えることができます。1人の先生だけが行うよりも学年で、学年で行うだけでなく学校全体で、特定の教科だけでなくすべての教科領域で行う方がより効果的です。そしてさらに、1つの学校だけが実施するのではなく、**地域の学校が協力して地域全体で実施することにより、より一層の効果が期待できます。**

　日本では近年、小中連携や中高連携などが盛んに行われています。しかし、小中連携を行う上で課題となるのは教科のことです。小学校では、担任の先生がほとんどの教科を指導するのに対して、中学校は教科担任制で、自分の教科以外のことにはなかなか踏み込めないということがあります。こうしたこともあり、小中連携と言っても教科指導の面ではなかなか進みにくい面があります。最近では、小学校の高学年で教科担任制を行う学校もあるようですが、まだその数は多くありません。問いを創る授業は、この問題を解決してくれます。**問いを創る授業は、校種・学年・教科・領域を問わない汎用型の授業方法**です。もちろん、子どもの発達段階に応じた実施方法の工夫が必要ですが、問いを創る授業は、幼稚園、小学校、中学校、高等学校、大学と

どの校種でも実施できます。もちろん保育園の保育の中に問い創りを取り入れることもできます。

　反対に言えば、問いを創る授業は異なる校種の学校と連携するための大きなツールになります。そして、地域全体で子どもの思考力や学ぶ力、態度を育てるための強力な手段となります。幼稚園、保育園から中学校卒業まで、継続的に問いを創る授業で学んできた子どもたちにはどんな力がついているでしょう。想像するだけでもワクワクしませんか？　幼児期は、身近なものとの関わり感性が育つ時期です。そして、思考力の芽生え、自然との関わり・生命尊重、数量や図形、標識や文字などへの関心・感覚、言葉による伝え合い、豊かな感性と表現など、主体的で対話的で深い学びの礎となるものが、芽生えてくる段階です。この大切な段階から、問いを創ることを習慣にし、それを地域の小学校や中学校が引き継いで育てていくことができます。高校や大学は、必ずしもその地域の生徒や学生が通っているわけではありませんが、もし、同じ地域にある高校や大学でも問いを創る授業が行われていれば、問い創りを通して連携することができます。前にお示しした、「問い創りノート」を就学前から創りはじめると、中学校を卒業する段階で膨大な量となり、それは自分自身の学びの歴史であり、学びへの自信にもつながります。

　前に、問いを創る授業は学習面だけでなく、互いの認め合いや助け合い、話し合いの進め方、合意形成の仕方、授業規律の確立など、生徒指導の面でも効果があるとお話ししました。つまり、生徒指導の面でも地域で一貫性のある指導を行うことができるのです。

　問いを創る授業をコミュニティーワイドで実施することにより、こんなにも多くの効果が期待できます。地域全体で行う最もシンプルで効果的な教育改革となるのではないでしょうか。

問いと課題の違いとは

　多くの授業ではまず最初に「今日の課題……」が発信されます。ここで発信される課題は教師が考えたものであり、子ども（学習者）が自我関与したものではありません。「問いを創る授業」において最も大切にしていることは「自我関与」です。新学習指導要領においても度々出てくる自我関与とは、「ある対象や事態について、『自分の身内』『自分の領分』であるとして自分自身とかかわりのあるものとみなす態度」（『大辞林　第三版』三省堂）とあります。人は自分そのものや自分が関わったものに対して、自分と同じように大切に感じるという心の動きがあります。例えば会議で自分の意見を否定されたり、自分のつくった料理をけなされたりしたときや、自分の家族のことを悪く言われたときに、自分そのものを否定されたかのように感じて落ち込んでしまうのはまさにこのような心の動きがあるからです。

　授業の中でも同じことが言えます。自分の中からわき起こった「問い」というのは自分の分身のようなものであり、自分にとってかけがえのないものであり、そのことについて飽くことなく追求したいという思いが芽生えます。一方、教師から発信された課題はあくまでも教師の課題であり、自分の中から生まれた問いではないので、自分事として考えるという心の動きには結びつきにくいということになります。

　「問いを創る授業」では、学びの主体は子どもであり、いままで多くの授業で行われていたような、教師が「課題」を発信するのではなく、子どもが追い求めたい「問い」を追求していくことを提案しています。原著『たった一つを変えるだけ』の意味は、「教師から発信される課題」から「子どもの中に生まれた問い」に変えることにあります。

　私たち教師の役割は、「課題」を与えるのではなく、子どもたちが自由に自分自身と対話しながら「問い」を思い浮かべることのできる環境をつくることにあります。

本村小学校ではどのように
スクールワイドを実現したのか

東京都港区立本村小学校校長　山村登洋

「問いを創る授業」は究極のアクティブラーニングである。

　私が校長として、「問いを創る授業」に関わったことで強く感じたことです。「問いを創る授業」を実践することで子どもたちの「問う力」が養われ自ら考える力が身に付きます。

■全校体制で「問う力」をアップ！

　「問いを創る授業」はぜひ、全校規模で実践することをおすすめします。理由は簡単です。「問う力」の育成には継続が絶対に必要だからです。「問いを創る授業」を実践することで子どもたちの学習への意識は劇的に変化します。それは「自分たちで学ぶことの楽しさ（学び方のスキル）」を身をもって感じるからです。

　問いを創る授業の取り組みをはじめた頃の子どもたちは、いままでに無い学習の進め方に正直戸惑っている様子がよく見られました。個々の問いを記入する付箋紙を配布しても、何を書いて良いかわからなかったり（付箋紙に何も書けない子どもが学級の3分の1もいたときもありました）、子どもたちで問いを絞り込む話し合いにおいても意見がなかなか出なかったり、時間が迫ってくると理由を述べ合うこともなく、多数決で決めたりということもありました。意見がまとまらない中、結局は教師があらかじめ用意していた問いに無理やりまとめて授業終了。このような流れがしばらくの間、続きました。

　本来なら、「不思議のタネ」を提示したときから子どもたちは知的欲求、好奇心がふくらみ、自分たちが学びたいことや知りたいことは何かと子どもたちで楽しみながら話し合い、選択収束していくものです。しかし、教師の「トップダウン」で終わってしまう。授業スタイルは違っても最後は先生が

決めた問い（課題）をやらされるといった流れが子どもたちにとって逆に戸惑いを引き起こしたのは言うまでもありません。子どもたちの感想からも「こんな授業だったらいつも通りの授業の方がわかりやすい」、「何を話し合えばいいのか、よくわからない」、中には「付箋紙がもったいない。エコな授業にした方が良い」という意見もありました。

　しかし、その半年後にはこの感想や意見が一変します。「自分たちが知りたいことや、やってみたいことが自由にできるから問い創りの授業はとても楽しい」、「自分の考えだけではなく、友達の意見から学ぶことが多いから、なにか得をした気分」、「毎回、どんな不思議のタネが出てくるか楽しみ」、「理由を話し合いながら、みんなの意見をまとめていくと自分の意見も取り入れてくれるし、なんかクラスが1つにまとまった気持ちがする」、付箋紙がもったいないと言っていた子どもも「付箋紙を使うと、自分の知りたいことや、やってみたいことが整理できるから絶対に必要！」

　このような子どもたちの変容には、私たちも驚きました。確かに子どもたちが「問いを創る授業」を受け入れるのには少々時間はかかりましたが、子どもたちのスイッチが一度入りさえすれば、問いを創る授業はあっという間に子どもたちが大好きな学習の1つとなるのでした。

　本校には、特別支援学級が設置されています。特別支援学級でもこの「問いを創る授業」はとても効果的な学習ツールの1つと考えます。子どもたちは、人から言われてやらされることより、自分で決めてやっていくことの方が意欲的に取り組みます。これは、通常の学級の子どもも特別支援学級の子どもも変わりません。確かに特別支援学級の子どもたちはスモールステップかもしれません。しかし、その小さなステップ1つ1つが子どもたちの学習意欲を刺激し、大きな変容に変わっていきます。本校の特別支援学級においても、1人1人に学びの楽しさを味合わせる「問いを創る授業」は子どもたちの大好きな授業となっています。

　そんな子どもたちの劇的な変容を一過性なものにしないためにも、全学年、全学級で取り組むことが「解き方を教える授業」から「学ぶ楽しさを体験する授業」へ変容させていく第一歩となります。全校体制で「問いを創る授業」を行うためには、以下のポイントが大切です。

（1）子どもの反応が低調でも、授業はやり続けていくこと

　「問いを創る授業」導入直後は、子どもたちの反応は私たちが期待する反応からは程遠いかもしれません。多くの子どもは戸惑うと思います。それは、子どもだけではなく、授業を展開していく教師も同じです。お互い初心者ですからね。子どもの反応は低調であっても、先生方もやりづらいと思っても定期的に問いを創る授業をやり続けることが重要です。やり続けなければ「問う力」は絶対に身に付きません。当たり前のことですが、子どもも教師もこの授業に慣れていくことがとても大切だからです。新しい取り組みが何の苦労もなく進むことの方が珍しいですよね。

（2）多くの情報を共有すること

　「問いを創る授業」が終わったら、先生同士の情報交換は進んで行ってください。上手くいったこと、課題となったこと、特に「不思議のタネ」に対しての子どもたちの反応や収束に至るまでの流れの善し悪しを共有することは、その後の授業改善につながるとともに何が指導の課題となっているのかが明確になってきます。全校体制で行っているからこそ、多くの情報が共有できるはずです。

（3）授業結果を蓄積データとして残していくこと

　情報交換や意見交換を頻繁に行っても、音声言語は視覚としては残りません。いずれは忘れてしまいます。また、いつでも情報交換できる時間があるとは限りません。

　私の学校では、校内のデータサーバーを活用して、「問いを創る授業」終了後、①「不思議のタネ」の文言②上手くいったところ（発問等）③課題となったところの３点について必ず記録に残すことにしました。メモ程度で十分です。記録はどの先生も見ることができます。この蓄積データを参考にしながら話し合いを進めて行ったり、問いを創る授業の指導案を立てるときに活用したりととても役立ちました。はじめは先生たちもどうやって授業を進めたらいいのかわからなかったり、思うように子どもの反応が得られなかったりと多くの壁に向き合うと思います。

しかし、この蓄積データが増えていくと、②の上手くいったところや③の課題となったところの共通項が見えていきます。それが見えてくると授業改善が進みます。と同時に子どもたちの反応や授業の流れが必ず良くなっていきます。本校では②の上手くいったところの項目をみんなで真似をしていくことを推奨し、どの先生にも授業の成功体験を経験させました。ここまでくれば子どもたちのスイッチが入るのも時間の問題です。

（4）子どもの気持ちになって「模擬授業」を行っていくこと

子どもの反応が悪い原因には、教える側の指導方法にも課題があります。「問いを創る授業」は、「不思議のタネ」をはじめ、教師の発問や言葉かけで授業が左右されます。子どもの立場になって考えるということがとても大事だと考えます。

本校では、教員による「模擬授業」を積極的に取り入れました。指導者に対して複数の子ども役の教員を配置します。模擬授業後に指導者が提示した不思議のタネや発問の1つ1つについて検討していきます。重要なのは子ども役の教員です。できる限り子どもの目線に立ち返り、この不思議のタネや発問で子どもたちから多くの「問い」が出てくるのか、子どもたちの意見で収束していけるのか等を慎重に吟味していくことが必要です。

この「模擬授業」が教員間で充実してくると、子どもたちが戸惑うことも少なくなりました。むしろ、子どもたちから出てくる「問い」の数も増えはじめ、子どもたちで収束させ課題に取り組む姿が多く見られるようになりました。いかに私たちが子どもの目線で授業を構築していかなくてはならないかということを改めて感じました。

■全教科での「問いを創る授業」の実践が教師を変える！

前述のように、この「問いを創る授業」は全校規模での実践とともに、全教科、領域での実践も非常に重要です。単元によって、やりやすい教科、やりにくい教科はあるかもしれません。しかし、どの教科にも「問いを創る授業」の核となる「不思議のタネ」は存在します。子どもたちの起爆剤となる「不思議のタネ」を考えるのは100％教師の仕事です。この「不思議のタネ」

は「問いを創る授業」の成功の有無を握っているといっても過言ではありません。教師が「問いを創る授業」や「不思議のタネ」を考え、追究していくことで、学びのマネジメント力が身に付いてきます。この教師のマネジメント力こそが、教師自身のいままでの学習に対する常識を変え、教師の役割を改めて問い直す良い機会となります。その教師の変容は、様々な教科で実践するからこそ身に付く力だと考えます。そして、全教科で実践していくことで本物の主体的・対話的で深い学びを実現していくのです。

　「問いを創る授業」を取り組みはじめた当初は、教員の反応は必ずしも良いとは言えませんでした。

・やり方がよく理解できない、授業の流れが納得できない。
・子どもが授業についてこられない。思うような反応が得られない。
・授業後半の収束は、結局教師が無理やりまとめることになり、子どもの問いを尊重したものにならない。
・教科書の指導内容にプラスこの「問いを創る授業」を実施すると授業時間が足らなくなる。
・子どもに自由に取り組ませるということは、指導すべき各教科・単元の目標を無視してしまうことになるのではないか。

という疑問、不安が多くありました。

　あらかじめ予想はしていたことでしたが、ここ数年アクティブラーニング的思考の授業を推進していたにも関わらず、このような教員の戸惑いには少々驚かされました。

　もちろん全国的にも新しい実践なので、参考にする文献、資料が少ないこと、教員のほとんどが初めて実践する授業形態であるため少なからず抵抗感もあっただろうということも理解できました。そのため、校内の研究会を開催しても否定的な意見や意見そのものが出てこない時期もありました。

　そんな時期のある研究会の冒頭で私はこう話しました。「私（校長）も『問いを創る授業』の初心者であり、先生方には適切なアドバイスがすぐにできないかもしれない。私も皆さんと一緒に『問いを創る授業』を学んでい

きたい。この『問いを創る授業』は、必ず子どもを変え、そして学校全体を変容させることができる。これを信じて取り組んでいこう」と先生方に、また自分自身にも鼓舞しました。

校長としてさらに次のようなことを先生方にお願いしました。

（1）参考文献、資料を熟読させる、何度も繰り返し読み込ませる

先ほども言ったように、新しい取り組みであるがゆえに、参考となる文献、資料は限られています。でも、悩んだり、壁にぶち当たったりしたら、その数少ない文献、資料を読み直す、再度理解していくことを徹底させました。特に研究会開催時に石黒先生、鹿嶋先生からご提示いただいた貴重な資料（これらの資料の内容は、本書の第１章、第２章等で記載されています）は、私たちにとってバイブルのようなものでした。

「問いを創る授業」では、教える側が理論的知識を身に付けることは非常に大切です。内発的動機付け、知的欲求・好奇心、拡散的思考、収束思考、創造的思考、メタ認知思考、自己決定力、自我関与、開いた問い、閉じた問い、などなど、最低でもこのぐらいの用語は正しく理解しておかないと「問いを創る授業」は前に進みません。

本校では、教員が参考文献や資料を辞書代わりに読み込んでいきました。すると自然に用語の意味理解が進み、授業の流れの各ステップにはこのような理論が関わっていることを再認識することができました。自分の中で理解できはじめると授業の流し方について教員自ら再構築できるようになっていきました。

そのうち、一部の教員が悩んでいる教員にアドバイスや支援をする姿が見られるようになりました。授業の実践も大切ですが、理論的知識を身に付けていくことで、教員も少しずつ自信が付いてきたのだと感じました。

（2）「不思議のタネ」の内容検討に重点を置かせる
～「不思議のタネ」集の作成～

「問いを創る授業」には６つのステップがあります。その中でも、私は「不思議のタネ」の内容検討には時間をかけさせました。特に小学校では、

「不思議のタネ」が授業の成功の鍵を握っているからです。「不思議のタネ」の内容の良し悪しで子どもたちの知的欲求・好奇心は高まりもするし低くもなります。これは子どもたちのこの授業への取り組んで行こうとするバロメーターでもあります。

　子どもたちにとって「不思議のタネ」は授業の中で一番楽しみにしている授業の要です。圧倒的に子どもたちが食いついてくるタネは、意外性のあるもの、自分たちの身近に関係している内容です。

　「2000年間発芽しなかった種子が、先月発芽した」　5年理科

　「○区では、1日にごみ袋が150000個集められている」　4年社会

　「3年○組では、58％（半分以上の人）が友達と一緒に遊んでいない」

　3年特別活動

　などの「不思議のタネ」は大変子どもたちが盛り上がって、活発に問いを出したり、理由付けをしていったりした成功例のタネです。

　教科の特性や単元内容によっては、すべての授業でこのような子どもの知的欲求、好奇心をくすぐるタネは難しいと思います。しかし、少しでも子どもたちが楽しくなるよう、やる気になるようにタネを考えなければなりません。そのための時間、努力は惜しんではならないと考えます。さらに本校は、各自が実践したタネを蓄積データとして「不思議のタネ集」を作成しました。これを活用することで、続々とタネが記録され、全教科におけるタネ集が完成しました。

（3）上手くいかなければ行動を変えていく
〜ソリューション・フォーカスト・アプローチ〜

　何度も言っているように、取り組み当初の教員は様々な壁に突き当たります。「不思議のタネ」の内容吟味、発問の内容吟味、収束のさせ方、創った問いをどのように活用して問題解決させていくか、など多くの悩みや不安を抱えています。何度やってもうまく授業が流れていかない、子どもから期待する反応や意見が出てこない。中には授業をする自信を失う教員も出てきました。そんな悩み、不安を少しでも和らげるために「ソリューション・フォーカスト・アプローチ」を取り入れました。これは石黒先生からご指導

をいただいたものです。

「児童生徒を変えようとするのではなく、教師自身の行動（対応や方法）を変えれば未来も変わる」という前提に基づいて3つのルールをつくりました。

【ルール1】もし、うまくいっているのなら変えようとしない

【ルール2】もし、一度やってうまくいったのなら、またそれを行う

【ルール3】もし、うまくいっていないのではあれば、何でもいいから
　　　　　　違うことをしていく→変化を起こすということ

さらに「なぜうまくいかないか」から「どうしたらうまくいくか」への考え方の転換についても併せて石黒先生からご指導をいただきました。

「どうしたらうまくいくか」を考える前に、「うまくいっている状態では、どのようなことがおきているか」について想像してみること。具体的なゴールイメージ（行動レベル）をもつことが重要である。

この2つの考え方は、悩みを抱えていた教員にとって大変心の落ち着くよりどころになりました。悩みながらも新しい実践にチャレンジしていく教員が増え、「悩んだら具体的なゴールイメージをもち、そのゴールに向けて何か行動を起こしていく」という教員の姿が当たり前になりました。

（4）自分で新しい授業スタイルを開発してみる
〜ひまわりツール、くらげツールの開発〜、複数の収束

「問いを創る授業」の実践が軌道に乗りはじめると、児童はもちろんのこと教員も授業づくりが楽しくなってきます。そうなってきたら次の一手を打っていきましょう。

「問いを創る授業」を自分たちで発展、開発させていくのです。大きな流れの6つのステップは担保しながらも、不思議のタネの提示方法、問いを創らせるときに用いる教材・教具、収束のさせ方など、教員個々の創意工夫を盛り込ませて指導案をつくらせていきます。

本校では、収束のさせ方に自然と教員の創意工夫が集まりました。ここまでくると、校内研究会の協議会や普段の意見交換にも熱が入り、活発で多様

な意見、考えが出てくるようになります。数ヵ月前の協議会の様子を思えば、「激変」です。その中で新しく考案されたのが「くらげツール」や「ひまわりツール」です。くらげツールは多数収束型、ひまわりツールは少数収束型という位置づけです。教員自ら、○○方式、○○バージョンなどとネーミングをするようにもなりました。自分の実践を同僚に進める教員も出てきました。

　教員個々の「問いを創る授業」への熱い思いが語られ、共有され、教員一体となって「本村小学校モデル」を創り上げていこうとする、正にワンチームになった瞬間でもありました。

　私は、教員にマネジメント力を付けさせることを前提として取り組ませたわけではありませんでした。教員は「問いを創る授業」に関わり、様々な試行錯誤を繰り返し取り組んでいるうちに、学び（学習）のマネジメント力を自ら身に付けていったのです。結果的に学びのマネジメント力は、「問いを創る授業」の力だけではなく、指導していく全教科に対しての力が身に付いたことは言うまでもありません。

　こんなに子どもたちが楽しく、そして意欲的に取り組む授業には、なかなか出会うことがありません。「問いを創る授業」は必ず子どもたち、学校を変えます。その日を信じて、取り組み続けてください。

■最後に

幼稚園、小学校、中学校での実践の継続で究極の学びツールとなる。

　「問いを創る授業」の実践は、小学校だけに留まらず中学校でも実践を継続していくべきだと思います。小中一貫教育校、義務教育学校ではなくても地域の小学校と中学校が「問いを創る授業」の考えや児童、生徒への有効性を共有し、実践していくことで「自ら考える力」に磨きをかけ続けていくことができます。さらに幼稚園でも今後幼稚園版問いを創る授業を取り入れることができたら、児童、生徒の知的好奇心と探究心は格段に飛躍することとなるでしょう。幼・小・中の一貫教育での実践で「問いを創る授業」は、究極の学びツールとなります。

‖‖‖‖‖‖‖‖‖‖‖‖‖‖ 付録の紹介 ‖‖‖‖‖‖‖‖‖‖‖‖‖‖

付録 1　問いを創る授業の単元指導計画

付録 2　先生のための「不思議のタネ」アイデアシート

付録 3　ひまわりツール

付録 4　問い創りノート

付録 5　問い創りノートのインデックスページ

付録 6　普段使いの問い創りノート

付録 7　探究ワークシート

付録 8　不思議のタネ集

＊コピーして、ご自由にご使用下さい。

‖‖‖‖‖‖‖‖‖‖‖‖‖‖‖‖‖‖‖‖‖‖‖‖‖‖‖‖‖‖‖‖‖‖‖‖

単元名：

単元の目標

これだけは身につけさせたい知識・技能（生きて働く知識・技能の習得）	これだけは身につけさせたい見方・考え方など（思考力・判断力・表現力など）	これだけは身につけさせたい・姿勢や態度（学びに向かう力・人間性など）
[何をどのように評価するか]	[何をどのように評価するか]	[何をどのように評価するか]

何に気づいてほしいか？

どんな疑問を持ってもらいたいか？

不思議のタネ

指導計画

1	
2	
3	
4	
5	
6	
7	
8	
9	
10	

※問いを創る授業を行う時間に○をつける

先生のための「不思議のタネ」アイデアシート

ステップ1　ねらい達成のための活用目的（□に✓を入れる）

ねらい：

めあて：

不思議のタネ：

□ フォーカス：Focus（探究する、追究する）
　→概念、定義、授業の内容の理解
□ ディスカバリー：Discovery（視野を広げる、発見する）
　→導入、深化補充、興味・関心の喚起、新しい視点や考え
□ キープケアリング：Keep caring（問い続ける、気になる）
　→生き方、あり方、人権、倫理、道徳
□ その他（　　　　　　）

ステップ2　子どもたちから引き出したい問い
（どの子にもたたせたい問いを1つ選び○で囲む）

ステップ4　不思議のタネの基本チェック（□に✓を入れる）

□ それ自体が質問（〜とは？・何だろう？など）ではない
□ それ自体が命令（〜しよう・〜確かめようなど）ではない
□ 新しい思考を刺激し誘発するようなもの

ステップ5　ブラッシュアップ（起爆剤としての工夫や仕掛け）

【ズレがある】
□ 自分の常識とのズレ
□ 自分のイメージとのズレ
□ 自分の予想とのズレ
□ 自分の欲求とのズレ
□ 既習事項・既有知識・実有体験とのズレ
【違和感がある・気になる】
□ 2つの違いが気になる（2つの写真の比較）
□ 経過の違いが気になる（グラフの変化や表の数値の変化など）
【なりたい自分になる・未来への期待】
□ 何をさすれば不思議のタネのようになれるのか

ステップ6　不思議のタネのブラッシュアップ案

ステップ3　不思議のタネのリストアップ
（文章・写真・動画・図・表・グラフ・実物の提示・体験など）

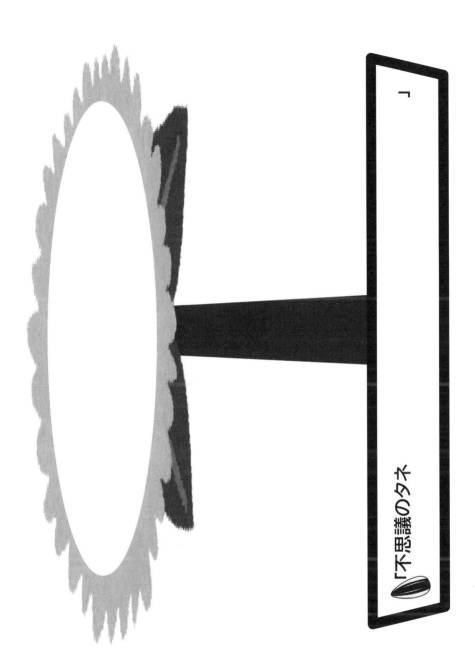

「不思議のタネ」

教科: 　　　　　単元:

不思議のタネ

| フセンを貼りましょう | わかったこと、わからないこと |

ようするに…

INDEX

教科	不思議のタネ	ページ

TILA教育研究所

タイトル		20　　　年　　月　　日

めあて
目　標

疑問・気になること

ようするに

探究ワークシート

<u>　　　年　　組（　　）氏名　　　　　　　　　　　　</u>

不思議のタネ：	

月/日	スッキリ	モヤモヤ
/		
/		
/		
/		

■不思議のタネ集

学年	実施日	教科	単元	不思議のタネ	効果	出したい項目	最終的な問い	備考
1年	令和1 10月	算数	くりあがりのあるたし算	□+□=13	○	○9＋4＝13 ○8＋5＝13 ○□に数字を入れればいいのかな。	□に数字を入れてしきをつくろう	出したい項目はたくさん出てていろいろ出たため効果が大変だった。また、初めて、それが付箋に考えをかいて、それを書いたらいいか戸惑う児童もいた。
1年	令和2 1月	国語	ものの名まえ	【絵】お店の人が商品を持って立っている絵	◎	○いらっしゃいませといっているのかな。○しょうひんがたくさんあるのか。○ほかにどんなおみせがあるかな。	おみせやさんごっこをしよう	絵から、考えることは良かった。出したい項目も出していた。
2年	令和1 10月	体育	ボール投げ遊び	ボールをすぐに上手に投げられるようになった（先生の過去の教え子）	○	○足の出し方 ○体重移動 ○腕の振り方	どうしたらうまくなげられるようになるのか。	1学期の体力測定の時に、投げ方を指導していたこともあり、出したい項目が全て出た。
2年	令和1 2月	生活	自分はっけん	じぶん	○	○成長過程 ○幼少期の様子	じぶんたちはどのようにして成長してきたのだろうか。	幼少期の子供の映像や写真を見せてから不思議のタネを提示することは有効であった。
3年	令和1 6月	理科	風やゴムのはたらき	AさんとBさんでは帆かけ車の進む距離が違った。	○	○おおき方 ○帆の大きさ ○下敷きの違い	当てる風の強さによって、ほかけ車が動く長さまりは、どのように違うのだろうか。	第1時に帆かけ車を走らせて遊んでいる姿の動画を撮り、不思議の提示の際に活用した。
3年	令和1 1月	学活	よりよい学級をつくろう	3年1組では、5.8％（半分以上の人）が友達と一緒に遊んでいない。	◎	○共感して友達を受け止める気持ち ○自分の行動を振り返る ○学級としての意識を高める	よりよい学級にするためには、どのような係や仕事が必要なのだろうか。	研究で細かく数値が出ているので、クラスでの大きさを後にこのタネを出した。とても発表の大きさがよかった。その後、友達と一緒に遊ぼうとする意欲が高まった。
4年	令和1 10月	社会	ごみのしまつと再利用	港区では、1日ごみ袋が150000個集められている。	◎	○どこへ行くか ○どうやって ○どんな種類 ○ごみの量	集められたごみはどこで処理されるのだろうか。どのようなごみの種類があるのか。ごみはどこからなぜ出ているのだろうか。ごみ収集車は1回でどれだけ運べるのか。	出したい項目はほとんど出ていたのもあり、最終的な問いが少しずれているものもあった。
4年	令和1 1月	学活	よりよい学級をつくろう	4年2組では、感謝や励ましの言葉を言っているのに、言われてないと感じている人が半分以上いる。	◎	○自分の行動を振り返る ○相手の気持ちを考える	相手に伝わるように言っているのではないからではないか。特定の人にしか言っていないからではないか。	拡散しすぎて、収束させるのに時間がかかった。

学年	時期	教科	単元名	不思議のタネ		子どもから出た疑問	めあて・課題	考察・教師の気づき
5年	令和1 5月	理科	発芽と成長	２０００年間発芽しなかった種子が、先月発芽した。	◎	○水 ○肥料 ○土 ○空気 ○通気 ○日光 ○なぜ、発芽しなかったのか	種子が発芽するには、どのような条件が必要だろうか。	出したい項目がすべて出た。また、それ以外の項目は出ていない。
	令和2 1月	道徳	あきらめない心	目も見えない、耳も聞こえない、話もできない人を、世界的に有名な教育者に育てた人がいる。	◎	○だれ ○どうやって	目、耳、口が不自由な人を、どうしたら有名な教育者に育てることができるのだろう。	タネの提示の前に、ゲームをする中で、目が見える見えない体験、耳が聞こえない体験、話ができない中で話を伝えることはできないこと、見て伝えることは難しいという実感をもたせてからタネを提示する。
6年	令和1 6月	理科	植物の体	植物には心臓がない	○	○植物の体のつくり ○植物と日光との関係 ○植物の体のはたらき	植物の体には人間の血管のように養分を運ぶものがあるのだろうか。	出したい項目出た。
	令和1 12月	社会	子育て支援の願いを実現する政治	港区の「中高生プラザ」はいろんな人が使うことができる	◎	○どんな人が使えるか ○人々の願い ○区役所や区議会の果たす役割 ○税金 ○政治	中高生プラザはどのような目的でつくられたのだろうか。中高生プラザに必要なお金はどこからでているのだろうか。中高生プラザがつくられるまでには、どのような人たちの、どのような働きがあったのだろうか。	出したい項目は出た。
	令和1 10月	自立	かたづけをしよう	［写真］ゴミが散らかっている部屋の写真	○	どうしてこんなにたくさんゴミがあるのかな？	部屋を気持ち良く使うためにはどうしたらいいかな？	社会科でごみの行方についての学習もしていたので、ごみの収集やリサイクルについての意見も出た。
特別支援学級	令和1 12月	生活単元	おもちゃづくりの先生になろう	［写真］「作り方がわからない」と言っている女の子の写真	○	自分たちがつくったことのあるおもちゃをつくってあげられるかな？作り方を教えてあげないのかな？材料が足りないのかな？折り方が難しいのかな？	「作り方がわからない女の子に、どのようにおしえてあげたらいいのかな？」	不思議のタネと同じ主体が違う（園児と教師）点について協議会で意見が出た。

おわりに

　「問いを創る授業」に興味をもち、最後まで読んでいただきありがとうございました。今回の『子どもの言葉で問いを創る授業　小学校編』はいかがでしたか。

　ところで、新学習指導要領等が目指す姿の中に、「指導方法の不断の見直し」という言葉が登場します。不断の見直しとは、思いついたように単発的に見直すのではなく、日ごろから途切れさせることなく常に見直しながら進めることです。実は、この「問いを創る授業」も日々見直しながら進化しています。見直しの方法は、ソリューション・フォーカスト・アプローチの中心哲学でもある３つのルール〔①もしうまくいっているのなら変えようとするな。②もし一度やってうまくいったのならまたそれをせよ。③もしうまくいっていないのであれば（何でもいいから）ちがうことをせよ。〕に従います。そして、完成したのが本書です。

　ここに紹介した実践例は、TILA 教育研究所の「問い創り授業」研究員の先生やその先生の勤務校の先生方、あるいは、港区立本村小学校のように「問いを創る授業」について年間通して校内研究に取り組まれた先生方にご協力いただいたものです。改めて先生方の日々のご実践に敬意を表するとともに、感謝申し上げます。ありがとうございました。

　「問い創り授業」研究員にご興味のある方は、ぜひ、TILA 教育研究所 HP（http://tila.main.jp/）をご覧いただけるとうれしいです。

　令和２年３月上旬、新型コロナウイルス感染拡大防止に伴い、全国すべての小中高校と特別支援学校が、臨時休校を余儀なくされました。前代未聞の事態へと突入した教育現場では、週に１回時間差で登校してくる子どもたちに家庭学習の課題を配布したり、授業再開に向け準備をしたり……。中にはオンライン授業をはじめた学校もありましたが、ネット環境やパソコンの整備の関係で、なかなか一律にというわけには、行かなかったのが実情です。まさか、学校が休校になるなんて、だれが想像できたでしょう。前例のない状況の中で、いま子どもたちに何ができるかを考え、試行錯誤しながら日々

158

を過ごされたことでしょう。とは言ってもできることも限られ、家庭学習の課題は、繰り返しドリルや復習問題が大半を占めていたのも事実です。休校期間が長引けば長引くほど、子どもたちはそうした家庭学習にも飽きてきます。

　TILA 教育研究所では、ピンチはチャンスに変えるべく、「こんな状況（学校に行けない／授業ができない）だから何もできない」のではなく、「こんな状況（学校に行かなくていい／授業を受けなくていい）だから色々なことができる」ことを HP で提案しました。ないものやできないことに心が囚われると、不満ばかりが募ります。あるものやすでにできていることに注目すると、あらたな発想が芽生えます。子どもたちにも「自分で考える力がある」ことを信じるところからはじめませんか。自分の考えがもてないと、いつまでたっても人の真似しかできなくなります。自分の考えがもてれば応用が利きます。柔軟な思考ができます。

　「問いを創る授業」、その重要性に『気づいた先生』なら変えられます。なのに、いざ授業をとなると、二の足を踏んでしまうのはなぜでしょう。それは、これまでに自分自身が受けたことのない授業方法だからです。例えば、私たちの受けてきた授業といえば、教科書を読み、延々と続く先生の説明を聞き、先生の発問に答え、先生から与えられた練習問題を解き、のちにテストを受ける、といったような授業の繰り返しでした。つまり、これ以外の授業のモデルに出会ったことがなかったからです。

　二の足を踏む理由はもう 1 つあります。何かを変えるには勇気が必要です。たとえ勇気があっても、私たち教師は、失敗するわけにはいきません。だから慎重になるのです。

　でも大丈夫です。この本には、すでに不断の見直しをしながら、問いを創る授業を実践された先生方のモデルが、たくさん紹介しています。また、失敗しないためのヒントもたくさん記載されています。この本をご覧いただき、先生方がワクワクしながら授業の準備をしていただければ、そのワクワクは、自然と子どもたちにも伝わることでしょう。

2020年 6 月　鹿嶋真弓

【編著者紹介】＊執筆当時

鹿嶋真弓（かしま・まゆみ）

担当：第1章1、2-1、第2章0、1、2、3、第4章1-2、1-4、おわりに

立正大学心理学部臨床心理学科特任教授。博士（カウンセリング科学）。ガイダンスカウン
セラー、認定カウンセラー、学級経営スーパーバイザー。東京都公立中学校教諭、逗子市
教育研究所所長、高知大学教育学部准教授、高知大学大学院教職実践高度化専攻教授を経
て2019年より現職。東京都教育委員会職員表彰（2008年）、文部科学大臣優秀教員表彰（生
徒指導・進路指導、2009年）、日本カウンセリング学会学校カウンセリング松原記念賞を受
賞（2010年）。著書に『ひらめき体験教室へようこそ』『うまい先生に学ぶ 実践を変える2
つのヒント』（以上、図書文化社）『教師という生き方』（イーストプレス）『中学生の自律
を育てる学級づくり』（金子書房）他多数。

石黒康夫（いしぐろ・やすお）

担当：はじめに、第1章2-2、第2章4、5、第4章1-1、1-3、2

桜美林大学教職センター教授。博士（教育学）。ガイダンスカウンセラー。東京都公立中学
校教諭・教頭・校長、逗子市教育委員会教育部長を経て2018年より現職。日本行動分析学
会第36回大会学会実践賞を受賞（2018年）。著書に『自律心を育む！生徒が変わる 中学生
のソーシャルスキル指導法』（ナツメ社）『参画型マネジメントで生徒指導が変わる』（図書
文化社）他。

- -

【著者紹介（執筆順）】＊執筆当時

吉本恭子（高知市教育研究所）　担当：コラム①〜④、第3章教育支援センター小学部総合
　的な学習の時間
前田豊美（三重県松阪市教育委員会）　担当：第3章2年国語科、3年理科
脇葉　敦（三重県松阪市教育委員会）　担当：第3章3年理科
杉田亮介（高知県教育委員会事務局　人権教育・児童生徒課　指導主事）　担当：第3章1
　年国語科、4年特別活動
関口由美子（東京都港区立赤坂小学校）　担当：第3章2年生活科、3年社会科
片山慎吾（東京都港区立本村小学校）　担当：第3章6年理科
吉門修平（高知県佐川町立斗賀野小学校）　担当：第3章5年道徳科
髙木直哉（三重県いなべ市立阿下喜小学校）　担当：第3章6年算数科
松本憲明（東京都港区立本村小学校）　担当：第3章特別支援学級4年生活単元学習
上村啓太（高知市立一宮東小学校）　担当：第3章特別支援学級6年自立活動
山村登洋（東京都港区立本村小学校）　担当：エピソード

子どもの言葉で問いを創る授業　小学校編

2020年8月26日　初版発行

編著者──鹿嶋真弓・石黒康夫

発行者──花岡萬之

発行所──**学事出版株式会社**

　　　　〒101-0021　東京都千代田区外神田2-2-3
　　　　電話03-3255-5471　http://www.gakuji.co.jp

- -

編集担当　加藤　愛　装丁　岡崎健二　イラスト　海瀬祥子
本文デザイン　三浦正巳
印刷製本　精文堂印刷株式会社

ISBN978-4-7619-2659-5　C3037